2015 年 2 月 2 日，马云在香港会议展览中心发表题为"马云与青年有约：从梦想到成功创业"的演说，分享他关于人生、梦想和创业的心得体会。

2015 年 5 月 20 日，在第一届全球女性创业者大会上，马云发表主题为"世界因女性而美丽"的演讲。

2015年6月9日，马云在纽约经济俱乐部面向1200名商界领袖发表主题演讲，阐述阿里巴巴集团的美国战略和发展愿景。

2015年9月6日，马云与美国电影演员汤姆·克鲁斯在上海影城一起出席《碟中谍5》首映礼。

2015 年 9 月 16 日，马云"乡村教师计划"暨首届"马云乡村教师奖"启动仪式在北京师范大学举行，马云与获奖教师们合影。

2015 年 11 月 18 日，在菲律宾马尼拉举行的 APEC 工商领导人峰会上，马云与时任美国总统奥巴马展开对话。

2016 年 1 月 21 日，达沃斯论坛期间，马云举行私人晚宴，各路大腕云集。

2016 年 3 月 9 日，阿里巴巴西溪园区报告厅，马云在为 800 余名入职一年以内的阿里新员工上名为"百年阿里必修课"的公开大课。

2016 年 3 月 19 日，中国发展高层论坛上，马云和 Facebook 创始人兼首席执行官扎克伯格围绕"创新"展开对话，涉及人工智能、虚拟现实、梦想、中西文化差异及子女发展等。

2016 年 4 月 11 日，马云和时任意大利总理伦齐出席国际顶级葡萄酒展会"Vinitaly"。

2016 年 7 月 9 日，阿里巴巴首届公益大会在杭州举行，时任联合国秘书长潘基文出席。

2016 年 9 月 3 日，G20 杭州峰会期间，加拿大总理贾斯汀·特鲁多到访阿里巴巴。

2016 年 9 月 6 日，澳大利亚总理马尔科姆·特恩布尔现身阿里巴巴西溪园区，同马云进行对话。

2016 年杭州 G20 峰会期间，一些国家首脑、国际组织领导前往阿里巴巴园区参观。9 月 6 日下午，马云在阿里巴巴西溪园区接待 WTO 总干事阿泽维多。

2016 年 10 月 9 日，阿里巴巴影业与 Amblin Partners 战略合作发布会，马云与著名电影导演、Amblin Partners 创始人史蒂芬·斯皮尔伯格亲切握手。

2016 年 10 月 20 日，马云走进"清华经管 MBA 课堂"，发表了题为"企业家精神与未来"的主题演讲。

2016 年 11 月 11 日晚，马云来到"2016 天猫双 11 全球狂欢节"主会场，并向现场近 600 位记者分享了他的"双 11"感言。

2017 年 1 月 6 日，海南三亚，马云为出席"2016 年乡村教师颁奖典礼"的嘉宾上了精彩的一课。

2017 年 1 月 9 日，美国纽约，马云在特朗普大厦与美国候任总统唐纳德·特朗普会面。

2017 年 3 月 27 日，马云在杭州出席 "湖畔大学" 第三届开学典礼。

马云很喜欢和年轻人在一起。

马云：未来已来

阿里巴巴的商业逻辑和纵深布局

马云内部讲话3.0

阿里巴巴集团 编

红旗出版社

写给读者

2016年9月6日，《二十国集团领导人杭州峰会公报》正式发布，阿里巴巴集团董事局主席马云首倡的EWTP建议被写入《公报》第30条中。在G20杭州峰会公报的英文版本中，给出了Electronic World Trade Platform（世界电子贸易平台）的英文缩写EWTP[①]。一个来自中国民间的倡议被写入二十国集团领导人会议的正式公报中，足见此次峰会对EWTP的重视。

接下来的9月20日，马云在纽约受邀担任联合国贸易和发展会议特别顾问，时任联合国秘书长潘基文亲自为马云签发任命书。这是联合国贸易和发展会议自1964年成立以来第一次聘请此类顾问，而马云担此重任，也使他成为帮助各国中小企业和青年创业者参与全球贸易的国际代言人。

---

① G20杭州峰会公报英文版中关于EWTP的阐述：We also support policies that encourage firms of all sizes, in particular women and youth entrepreneurs, women-led firms and SMEs, to take full advantage of global value chains（GVCs），and that encourage greater participation, value addition and upward mobility in GVCs by developing countries, particularly low-income countries（LICs）. We welcome the B20's interest to strengthen digital trade and other work and take note of it's initiative on an Electronic World Trade Platform（eWTP）.

在被记者问到EWTP的落地时间表时，马云表示，现在全球需要帮助中小企业，如果中小企业每年向国外出口的交易额低于100万美元，就需要创造一些免税政策、24小时质检和通关以及一些快速通道，包括物流等。"但这在短期内是很难实现的，一两年内是不可能达到这个目标的，起码需要5~10年。1995年1月宣告成立的WTO（世界贸易组织），其前身是1947年10月在日内瓦签订的GATT（关税与贸易总协定）。从GATT到WTO，经过了近50年时间，所以我们不妨给EWTP十年的时间。"

我们有理由相信，联合国特别顾问这个身份会帮助马云将EWTP和货通全球的梦想更快地落地。

29年前，马云在中国杭州的西湖边创建了"英语角"，那是基于他12岁时在杭州饭店门口以免费为老外做导游换来的英语学习经历。22年前，弄潮青年马云在美国西雅图第一次接触互联网；4个月后，马云发起创办的中国第一家互联网商业公司杭州海博电脑服务有限公司成立；1个月后，"中国黄页"正式上线。18年前，一直自嘲"不懂技术"的马云与其他"十七罗汉"共同创立"阿里巴巴"。14年前，"非典"期间，以"让天下没有难做的生意"为创业初心的马云创办"淘宝"。在短短三年时间里，淘宝迅速占领市场的领先位置，创造了互联网企业发展的中国传奇……岁月荏苒，在创业的道路上，马云曾一直不被看好，一度还被人当成"骗子"。当历史的车轮走过新世纪的第一个十年，即2010年以来，伴随着全球互联网的发展和中国经济的成长，参与改变了中国消费经济形态的马云，在APEC（亚太经合组织）、WTO、达沃斯世界经济论坛等国际会议上，为中小企业"站台"！而且舞台越站越大！今天，他又站在了修订全球贸易游戏规则的倡导者位置上。

按照B20杭州峰会（二十国集团工商峰会）上达成的共识，各国政府与公共部门之间、官方与企业之间将积极对话，旨在促进和推动建立相关规则，为跨境电子商务的健康发展营造切实有效的政策和商业环境。在马云的设想中，这将为全世界的中小企业、商家打造一个自由、公平、开放的贸易平台，让中小企业、年轻人更方便地进入全球市场，参与全球经济。

为了这个提议，2016年伊始，来自杭州的马云就跑了全球30多个国家和地区，推介EWTP理念。他像一个积极的"布道者"，接触多个国家和地区的领导人、政府官员、商界领袖，在各种场合反复阐述和呼吁让中小企业在国际贸易舞台上平等竞争，收获了多国政要和商人的回应和共识。

马云说，下一个十年，他会花更多的精力帮助中小企业及创业者。马云的关注视角和主要精力已然从小我发展到了大我，从阿里自身的发展延伸到了中小企业的发展、绿色环保、教育、经济全球化、反倾销以及年轻人如何适应全球化进行创业、创新等诸多领域。

经阿里巴巴集团授权，我们精心整理了近三年马云在各种场合的内部讲话，汇编成了这本《马云：未来已来》。全书分为六个部分：21世纪的全球化、阿里的下一个十年、马云的互联网世界观、年轻人就是未来、我们的担当、与世界对话。

作为一名在东西方思维方式中自如切换的企业家，马云更乐意做的是，通过本书，和年轻人、创业者们以平等的视角一起讨论世界和未来。他觉得，阿里巴巴这家企业，是因为开放才有了今天；世界过去五十年的发展，是因为开放才变成了今天这个样子。世界各国的贸易也好，商业往来也好，政治、外交……都在走向开放。这个世界受益于开放，未来也应该受益于开放，世界必须走向越来越多的开放。

　　但马云也对一些逆全球化的倾向有着深深的忧虑，比如贸易壁垒限制了商业发展，造成了地区不平衡。在本书中，他阐述道：过去的全球化，是大国、大企业受益的全球化，发展中国家、中小企业没有受益，30亿年轻人没有受益。全球化本身是一件好事情，但全球化本身是需要进行完善的，不应该出现了一些问题，就把全球化否定掉，而应该完善全球化。所以他认为，EWTP实际上是对WTO的补充。

　　"十年后需要什么，我们今天就开始做！"这正是年轻人的偶像马云能够走向巅峰的秘诀。

　　已过知天命之年的马云，在接下来的十年里，将会像2500年前的孔子周游列国那样游说世界各国政府和企业。他要通过自己的创业经历，以及他服务于全球自由、平等、绿色、诚信的贸易基础设施和体系建设的初心，大力倡导为年轻人创造就业机会，为中小企业创造商业机会。

　　你到底有什么，你要什么，你可以放弃什么——本书的第四章，是马云献给年轻人的歌。他觉得人生最佳的大学是社会大学，他坦言自己看书不多，有时候一本书可以看很长时间，比如《道德经》《孙子兵法》，一章一节可能会看上一年，翻来覆去地看，一遍又一遍地看。他的书不仅放在办公室里，还放在卫生间里、枕头旁，被带上飞机……他告诉年轻人，看书很重要，但是看世界更重要，读万卷书也要行万里路。在他看来，见世界上各种各样的人，听各种各样的观点，跟优秀的人交流以后，你看问题的视野和深度会很不一样。但最后，不管你跟多少人的思想碰撞过，你还是要用自己的脑袋去思考。看书会提高一个人的智商；社会阅历会让一个人的情商变得很高；而当你接触到世界上各种各样贫困的事情、痛苦的事情、美好的事情以后，你的爱商也会变得很高。一个人只有把智商、情商和爱商结合起来，这个人的人格才是丰满的。

　　十年后需要什么，我们今天就开始做！因为未来已来！翻开本书吧，听听来自未来世界的"马云说"，与他一起奔跑！

编者
2017年3月

目 录
CONTENTS

马云

未 来 已 来

>> 第一章 >>

21 世纪的

全球化

1. 未来的三十年

　　21年前的1995年，我刚开始创业的时候，全世界的互联网用户可能还不到5万人，全世界的互联网从业者也不到5万人。但是今天，到云栖大会参加会议的人已经接近5万。今天，全世界使用互联网的人口已经超过了20亿，这21年来的变化令全世界震撼。20年前，我在西湖边跟朋友聊天时说过，将来会有一个新的世界诞生，这个世界会被称为虚拟世界。这个世界会有一个新的大陆；这个世界中，所有人都会在网络上发生关联。今天，真的诞生了一个新的世界———一个新的经济体，一个超过20亿人的强大的世界经济发展的新基础。

　　最近一直有人问我，互联网公司有边界吗？阿里巴巴似乎无处不在，腾讯似乎无处不在，facebook也一样，你们这些互联网公司有没有边界？我的回答是，互联网没有边界，就像电没有边界一样。100多年以前，你不会说这个行业可以用电，那个行业不能用电，电是没有应用边界的。互联网是一种平台，一种技术；从某个角度来说，也可以说它是一种思想，一种未来。

　　有人讲互联网经济或者电子商务是虚拟经济，我认为它不仅是虚拟经济，还是未来经济。很多人讲"互联网在冲击各行各业"，"电子商务打击、冲击或者摧毁了传统商业"。我认为，电子商务没有冲击传统商业，更没有打击传统商业，电子商务只是把握了互联网的技术、互联网的思想，未来的经济将完全基于网络。我们抓住了互联网的技术，在这上面创造出一个适应未来的商业模式，那就是电子商务。

真正冲击传统行业、冲击就业的是我们昨天的思想，是我们对未来的无知，对未来的恐惧。所以，我并不觉得今天我们每个人要担心什么，我真正担心的是我们对昨天的依赖。世界的变化远远超过大家的想象，未来30年是人类社会天翻地覆的30年。

目前，从政府到各行各业到企业，还是有一些人没有意识到这场技术革命会给人类带来的冲击。很多我们过去认为正常的事情，很多我们昨天做得非常好的事情，很多我们以前认为是最佳的就业机会的事情，都会遭到颠覆和改变。人类在失去很多传统的就业机会的同时，也会迎来、创造很多新的就业机会。

伴随并促进第一次技术革命和第二次技术革命的是两次世界大战，是人类思想的解放，是人类智慧的开发。那么，如果发生第三次世界大战，与之相伴相生的将是怎样的技术革命？新的技术革命要解决的应该是贫困、疾病问题，应该是环境和持续发展的问题。

2016年10月10日，我在泰国参加了ACD（亚洲合作对话）领导人会议，亚洲34个国家和地区的元首出席了会议。我在会上呼吁各国要为未来的30年制定独特的政策。现在每个国家都在为自己的年轻人、为自己的未来创新，比如德国工业4.0、中国制造2025，以及泰国的National Plan。未来世界的竞争是创新的竞争，是年轻人的竞争，在未来，互联网的世界将会越来越大。

我们要为这个世界注入创新的基因，注入创新的DNA，只有如此，我

们才有未来。

所以我想说，未来30年，每个人都有机会，各国政府都应该为未来30年制定创新发展的政策，为自己国家30岁以下的年轻人制定独特的政策，为30人以下的小企业制定独特的政策。

过去几十年，各国政府的政策都是为大企业制定的，如果我们能够真正为小企业制定政策，那么小企业和年轻人的机会就会越来越多。以前创业可能需要钱，需要资源，需要各种各样的关系；未来只要利用技术、数据和创新，人人都将有机会。以前大企业发展，目的是获得更多的利润，获得更多的资源；未来大企业如果想做得更好，就必须担当社会责任，必须为无数人创业建造基础设施，提供资源。很多大企业这几年讲得最多的是生态资源，我所听到的他们心目中生态资源的概念是希望利用生态资源，把自己做得越来越强大；而我认为，未来大企业的责任是建造一个适宜的生态环境，并帮助这个生态圈里的其他企业活得更好。只有这个生态环境越好，大企业才会活得越好。

因此，我说不是现代的技术冲击了你，而是传统思想、保守思想、昨天的观念冲击了你；不是电子商务冲击了传统商业，而是你不把握未来的思想冲击了你的商业。

电子商务

大家都知道，阿里巴巴是电子商务企业，其实阿里巴巴的业务里，最传统的一块业务才被称为电子商务。"电子商务"这个词可能很快就会被淘汰。从明年开始，阿里巴巴将不再提电子商务这种说法，因为电子商务只是一艘摆渡船，它的内涵是把河岸这一头的货物、信息输送到那一头。未来我们要提倡"五个新"，"五个新"的发展将会深刻地影响中国，影响世界，影响未来的所有人。

为什么我说纯电子商务是一个传统的概念？20多年前，我们起步做互联网的时候，并不是一开始就做淘宝、天猫、支付宝的，我们到2003年才觉得只有通过做这样几个基础建设平台，才能发展我们的事业；2004年，我们才开始意识到我们正在做的事情将使未来的商业发生天翻地覆的变化，也许我们这么做下去，金融也会发生巨大的变化。所以2003年、2004年的时候，我在全国做了至少200场演讲，跟无数企业交流未来新的商业模式。我的观点是，新的电子商务将会改变很多商业形态。我相信那时候绝大部分企业并不把它当回事。

但是今天，基于大数据、云计算的新的电子商务发展起来了，纯电商时代很快就会结束。未来10年、20年，将没有电子商务这一说法，只有"新零售"这一说法，也就是说线上线下和物流必须结合在一起，诞生一种新的零售模式。线下的企业必须走到线上去，线上的企业必须走到线下来，线上线下与现代物流结合在一起。物流公司的本质不再是谁比谁做得更快，而是让物流管理得更好，让企业库存降到零。这才是物流的本质。

"五个新"

"五个新"的第一个"新"就是"新零售"。现代都市里，很多传统零售企业之所以受到了电商或者互联网的巨大冲击，我个人觉得是因为他们没有把握未来的技术；没有看到未来，而只看到昨天；没有学会如何应用新的技术；如何和互联网公司进行合作，如何和现代物流进行合作，如何利用好大数据！要打造新零售，原来的以房地产模式为主的零售行业一定会受到冲击；即便今天不冲击，它们活的时间也不会太久。

第二个"新"是"新制造"。过去二三十年，制造讲究规模化、标准化；未来30年，制造讲究智慧化、个性化和定制化。如果不从个性化和定制化着手，任何制造业都会被摧毁。所以，零售革命以后的第二个巨大革命就是IOT（物联网）的革命，也就是所谓的人工智能、智慧机器的诞生。未来的机器用的不是电，用的是数据。由于零售行业发生变化，原来的B2C的制造模式将会彻底走向C2B，也就是按需定制。我们今天讲的供给侧改革，就是改革自己以适应市场，改革自己以适应消费者。新制造的诞生，对长江三角洲地区和珠江三角洲地区一些讲究规模化和标准化的行业的冲击，将远远超出大家的想象。

第三个"新"是"新金融"。新金融的诞生会加快整个社会的变革。过去200年的金融体系支持了工业经济的发展，过去200年是"二八理论"，即只要支持20%的大企业，就能拉动80%的中小企业发展。未来新金融必须是"八二理论"，即支持80%的中小企业、个性化企业，支持年轻人和消费者。过去我们有过解决80%的中小企业、创新创业者、消费者困难的设想，但那时的IT基础设施不允许我们这么做。

我们希望创造更加公平、透明的环境，支持昨天那80%没有获得支持的人。我希望看到真正的互联网金融的诞生，创造出真正的信用体系，而这个基于数据的信用体系将在全世界产生真正的普惠金融。所以，新金融的诞生，势必会对昨天的金融机构有一定的冲击和影响，同时也会给所有创业者、年轻人、小企业带来福祉。我相信未来10年内，金融体系一定会有巨大发展，这也是蚂蚁金服所担当的责任。我们希望让信用变成财富，我们希望让每个想创业并有合理创业规划的人获得金融的支持，真正出现公平、透明、开放的普惠金融体系。

第四个"新"是"新技术"。移动互联网出现以后，也许原来的PC芯片将会变为移动芯片，操作系统也是移动的；原来的机器制造将会变成人工智能。未来层出不穷的基于互联网、基于大数据的新技术，将为人类创造无尽的想象空间。

第五个"新"是"新能源"。过去人类的发展是基于石油和煤，未来人类的发展将基于新能源，数据将位于所有新能源之首。按照王坚[①]博士的阐述，数据是人类第一次自己创造出来的能源和资源。这种能源和资源与我们常识中的概念有本质的不同，衣服被人家穿过，你再穿就不值钱了；而数据被不同的人利用，会得到完全不同的结果，数据有重复利用性、重组性、效益扩大和延展性，即数据的作用、效益不会衰减。

新零售、新制造、新金融、新技术、新能源，这"五个新"，将会冲击很多行业，甚至产生巨大的摧毁性的影响。我希望大家不要把这当成危言耸听的警示，而应该当作改变自己的机遇。从现在开始，把握则胜，拒绝则亡！

我希望未来政府在招商的时候，是否可以考虑将传统的"五通一平"[②]变成新的"五通一平"。新的"五通"即通新零售、通新制造、通新金融、通新技术以及通新能源，"一平"则是指提供一个公平创业和竞争的环境。传统的"五通一平"是靠税收政策，靠土地政策，我认为这样并不公平。未来的变革远超乎我们的想象，过去基本上是以知识驱动科技

[①] 王坚：曾任微软亚洲研究院常务副院长，2008年加入阿里巴巴集团，先后担任首席架构师、首席技术官；2016年起，担任阿里巴巴集团技术委员会主席。

[②] 五通一平：指通水、通电、通路、通气、通讯和场地平整。

革命，我想未来的变革将不仅仅是以知识驱动，还要以智慧驱动，以数据驱动。

过去机器是人类的工具，未来机器是人类的伙伴

过去100年，人类的眼睛是向外看的，因此我们看到了月亮，看到了火星。未来30年，人类要在向外探索的同时学会向内看。人类只有学会向内看，才会真正明白什么是自己不要的东西。过去100年，人类知道了什么是自己要的东西；未来100年，人类必须知道什么是自己不要的东西。只有知道什么是自己不要的，你才会懂得什么是你必须坚持的。

我希望大家把握住未来整个世界的趋势，从知识驱动走向智慧驱动，从原来的规模驱动和标准化驱动走向定制驱动。过去20年或30年的发展，我们在一定程度上把人变成了机器；未来20年或30年，我们将会把机器变成"人"。过去200年，人类创造了火车和飞机还有太空飞船，人的速度比不过它们；今天，人类创造了计算机，计算机的运算速度和效率无人能比，因为计算机不会累，没有情绪，不会发脾气，也不会消极怠工。在设定的程序下，它永远在运转。

虽然计算机会越来越聪明，但它不可能统治人类。过去机器是人类的工具，未来机器是人类的合作伙伴。我们要学会和机器协同工作，我们要明白机器不可能有智慧，机器不可能有意志，机器也不可能有价值观，不可能有很好的文化体系。

世界的变化远远超过我们的想象，这个变化要求我们必须改造原有的教育体系。目前我们的大学只传授知识，我认为"教、育、学、习"

是不一样的概念，教是传授知识，育是传授文化，学的是知识，习的是智慧。

我希望未来我们的大学能够更多地关注学生创造力和想象力的培养，如果只是纯粹教授知识的话，我相信未来大学生面临的挑战会越来越大。因为21世纪以后，核心词是创新，是想象力，是变革。

当机器比你聪明的时候，不要沮丧，我们比机器更厉害的地方在于我们对文化的把握、对愿景的思考，想象力是人类巨大的机会所在。

未来并不可怕，只要你去把握。恐惧来自对未来的无知。有人跟我讲过一个蛮有意思的话题，说霍金讲人类千万不要跟外星人沟通，因为这是很可怕的，一旦和外星人沟通，就会怎么样怎么样……这使我联想到很多人觉得电子商务、互联网大数据多么可怕，我们是否还要把握它？或者我们就应该拒绝它，不要跟它沟通，因为它带来的冲击实在太大了。我觉得，有没有外星文明、有没有外星人对人类来说仍然是存疑的。也许有外星文明，也许有外星人，它们跟地球人长得不太可能一样。对未知世界和事物的恐惧是人类的本能。但是，这场由互联网带动的新的技术革命，人类是可以把握的，因为互联网文明不是从外星来的，它是从人类自己的文明中诞生的，是人类科技发展的必然成果。只要去把握它、学习它，就不会被淘汰。反之，谁去抵触未来，谁不把握未来，谁不改变自己的今天，谁就一定会被历史淘汰！

编者注：

云栖大会的前身是阿里巴巴集团的阿里云开发者大会，2015年正式更名为"云栖大会"，由杭州市政府、阿里巴巴集团等主办，并且永久落户杭州西湖区云栖小镇。五年来，中国互联网从草根站长时代发展到风起云涌的云计算开发者时代，大会规模也从2010年的3000人逐年扩大。2016年10月13日，以"飞天·进化"为主题的2016云栖大会如期开幕，马云出席大会并发表了演讲。

2. 长城、贸易和战争

我出生在杭州，我是百分之百的"杭州制造"。

大家可能会问：为什么G20峰会的举办城市是杭州，而不是其他更著名的大城市？我的回答是：早在44年前，杭州就已经非常著名了。

1972年，时任美国总统尼克松访问了杭州。中美两国领导人认为，两国应当共建世界美好的未来。而杭州如此幸运，因为正是在杭州，两位未来世界重量级的领袖达成了全面的一致。杭州这座城市改写了历史。

不过，令人遗憾的是，后来"中美联合公报"被称为"上海公报"，而不是"杭州公报"。如果44年前我们把"中美联合公报"叫作"杭州公报"，那么杭州早就比今天还要出名了。

那时候我8岁，是一个小男孩。尼克松的访华使杭州成为开放社会的一部分。杭州有一些著名的宾馆饭店，有很多外国旅游者来杭州旅游。正是通过这些机会，我学会了英语，打开了我的眼界。

在过去的44年里，中国改变了，杭州改变了，我自己也改变了。17年前还没有阿里巴巴，如今我的公司也改变了。

我们是开放的，是对整个世界开放的，而开放就意味着繁荣，开放就意味着增长。

　　我不是代表阿里巴巴，也不是代表中国，而是代表世界工商界的一员。我想说，全球需要更自由的贸易，需要更多的就业机会，需要更加包容增长的全球化。

　　但是，现在世界上有一种声音，反全球化和反自由贸易。有人觉得全球化是坏事情，我并不这样认为。全球化是过去30年里发生的最好的一件事情，现在全球化带来的问题只不过是全球化贸易成长过程中的阵痛而已。在过去的20～30年里，全球化是为全球20%的大公司服务的，是为发达国家服务的，未来有没有可能让全球化为80%的中小企业服务呢？

　　这是我们接下来可以做的事情。

　　2000多年前，中国建造了长城，那是因为担心外敌入侵。今天，在全球贸易领域，还有人主张要建立新的或保持已有的贸易壁垒，来阻止自由贸易。我们不能再用2000多年前的办法来解决今天的问题。

　　在我看来，贸易全球化不是对经济的威胁，不是对就业的威胁，贸易全球化本身就意味着更多的就业机会和更多的工作岗位，只要我们能够让全球化进行得更加顺畅。

　　我们需要贸易。

　　几百年前，世界贸易由几个皇帝和国王控制着。过去50年里，世界贸易由世界上6万家左右的大公司控制着。这就意味着没有机会留给那些小公司，没有机会留给发展中国家，所以我们不应该反对自由贸易，而是应该想出一个更好的办法，让自由贸易能够惠及80%的中小企业。

　　自由贸易已经存在。有人说贸易是不平等的，但我觉得贸易一定是自愿平等的，你不能强迫人家来买你的东西。

　　贸易是创造工作岗位的途径，贸易是沟通的方式，但贸易不是武器。贸易是用来解决商业问题的，不是用来解决政治问题的。

我们正处在一个非常关键的时刻。有人不喜欢全球化，不喜欢自由贸易，但作为商人，作为有责任感的商人，我们一定要坚持自己的想法。我们要坚持让世界走向贸易全球化和自由贸易的未来——因为我们正处于互联网时代，我们已经进入新技术的时代。

现在全球60亿人口中，已经有20亿网民。我们的孩子们、我们的下一代就出生在互联网时代，我们的世界正在发生从未有过的变化。

我们需要全球各国政府的支持，需要政府帮助我们制定更加适合的政策，为中小企业、为年轻人创造更加适合的政策和环境，让那些已经对世界贸易准则失去信心的人重振信心。我们需要更简单的贸易准则，我们需要创造更多的就业机会。

如果我们想创造更多的就业机会和更大的经济增长，就需要更加简单的规则。我们需要创造性地思考这些问题。

我们还需要行动。没有一个政府不说支持中小企业，但光是嘴上说是不够的，我们需要的是行动。

在阿里巴巴，有一句话：If not me, then who? If not now, then when? 意思是：如果不是我，那是谁? 如果不是现在，那是什么时候?

我们需要行动，我们需要现在就行动，来推动贸易全球化和自由贸易。我们需要改变贸易规则，我们需要创造就业机会。而我坚信，一旦贸易停止，战争就来了，只有贸易才能阻止战争的发生。

我们不能用战争来取代自由贸易。

编者注：

2016年9月3日，二十国集团工商峰会（B20）在杭州举行，马云作为B20中小企业组主席致辞。

3. DT时代^①要让别人更加强大

目前，我们正在进入从IT时代到DT时代的转型阶段。IT，即Information Technology；DT，即Data Technology。IT时代和DT时代巨大的差异在于思想上的差异。DT时代的宗旨在于，成功者必须有利他的思想。只有让你的员工、客户、合作伙伴比你强大，只有让你的竞争对手比你强大，社会才会进步，你才有可能成功。

未来30年是关键的30年

我听说很多线下小店都在打折、关店。有人说，这都是马云惹的祸，都是淘宝惹的祸。这让我想起13年前，我们刚开始推广电子商务时的情景。当时我们提出，互联网将会影响未来的生产、制造以及销售，将会影响社会的方方面面；电子商务将会给很多行业带来巨大的冲击。但当时很多人都不以为然。我觉得，任何事情都要试着站在未来的角度来

① Data Technology时代，即数据时代，指以服务大众、激发生产力为主的技术时代。

看，而不是仅仅以你今天具备的能力去看。这个世界正在发生很大的变化，我相信，未来30年是人类社会最精彩的30年，是令人期待的30年，也是令人恐惧的30年！如果你不参与大数据的建设，不把自己的企业真正变成一家互联网环境下的企业，我相信你以后还会像我今天说的那样抱怨。

今天，我们生活在一个非常纠结的年代，但另一方面，又会发现很多企业欣欣向荣地发展起来。之前湖畔大学招生，我面试了6个年轻人之后，倒吸了一口凉气：幸好我是15年前创业的，要是今天创业，肯定被这帮小子活活搞死。因为他们用的是大数据，用的是互联网模式，他们说的很多东西我都不是很理解，而且我相信，一旦我理解了，我会越来越恐慌。

这是一个政府试图转型创新的时代。尽管很多人说我们期待转型升级，但转型升级是要付出代价的，而这个代价正开始呈现。这是我最近考虑得最多的问题。我的结论就是：任何一次技术变革，在很多年以后，都一定会变成商业和整个社会的变革。我们身处其中的这次技术革命会产生什么东西？这次技术革命释放的是人的智慧，解放的是人的脑袋。人们几乎无法想象，这次技术革命将来会使整个人类社会产生什么样的变化。因为整个技术的巨变，因为数据的产生、发现和应用，人类社会的商业模式正在发生变化，从而会带来经济、政治乃至整个社会的变化。

每一次技术革命对商业形态造成的影响都非常巨大，因而必须从组织上去思考。我们未来的组织应该是什么样的？未来的组织不再仅仅是公司雇用员工，员工也可以雇用公司。因此，我们要提前思考，什么样的组织才适合未来？什么样的团队才适合未来？

DT时代把IT企业变成传统企业

我想重点谈谈从IT到DT的变革。我们一直认为，从IT到DT不过是技术的提升，其实这是两个不同的时代，DT是一个新时代的开始。从社会学的角度思考，IT时代是让自己更加强大，而DT时代是让别人更加强大；IT时代是让别人为自己服务，而DT时代是让自己去服务好别人，是以竞争对手服务竞争对手；IT时代是通过对昨天信息的分析去掌控未来，而DT时代是去创造未来；IT时代是让20%的企业越来越强大，80%的企业可能无所适从，而DT时代是释放80%企业的能力。IT时代把人变成了机器，而DT时代把机器变成了智能人，这标志着我们进入了一个新型的时代。未来的制造业不仅会生产产品，未来的制造业制造出来的机器还必须会思考、会交流。未来，所有的制造业都将会成为互联网和大数据的终端企业。驱动未来制造业的最大能源不是石油，而是数据！

无数企业在发现、追逐和参与大数据时代，我相信未来的竞争将会发生天翻地覆的变化。我们看到很多IT企业变成了传统企业，很多互联网公司沦落成传统的互联网企业，因为很多人还没有搞清楚IT时代，世界就进入了DT时代。假如我们不去思考未来的DT时代，那么我们的技术终将无所凭借，我们仍然生活在昨天。举一个简单的例子：第二次世界大战时，日本建造了一艘全世界最强大的军舰，叫作"大和"舰，它拥有坚固的钢甲和最强大的火炮，自认为可以摧毁一切。然而，它出航想去找航母对抗，结果航母还没找到，就被飞机击沉了。因为航母只是一个平台，它没有进攻能力，但它上面的舰载机具备强大的进攻能力，可以说，它是一个生态系统。因此，不管你自己有多强大，都要时刻思考怎样让你的员工更强大，让你的客户更强大，让你的合作伙伴更强大，这样整合起来的系统才能拥有更强的竞争力。

今天的互联网，已经不仅仅是让人们看新闻、购物、玩游戏、聊天了，互联网企业正在参与社会变革，参与经济发展，推动教育进步，让经济更繁荣，让人类更幸福，让整个社会的各方面越来越强大。这也是所有互联网大企业的历史责任。过去，我们曾经把自己发明的火药当作制造烟火的原料，别人却把它当作武器。因此，我们不能再把互联网仅仅当成一种工具，互联网必须成为整个中国和世界社会发展进步的巨大能源和动力。

我们处在一个巨变的时代，这是一个可以共同展望未来的时代，不是去改变别人，而是改变自己。这样，你就不会在十年以后说这是大数据惹的祸。我们应该共同把大数据变成人类未来的巨大能源所在。

编者注：

2015年5月26日，2015贵阳国际大数据产业博览会暨全球大数据时代贵阳峰会在贵阳国际会议展览中心举行。本次博览会的主题为"大数据时代的变革、机遇和挑战"。"云上贵州"是全国第一家省级政务云平台，由阿里云协助搭建。"贵州-阿里"这一政企合作共建大数据模式有望被复制。马云在会上发表主旨演讲，重点指出DT时代的步伐在加速。

4. DT时代是真正的智慧时代

曾经有一个外国驻华大使问我一个问题，说阿里巴巴在纽约上市以后，你们的梦想已经实现，那么你们的下一个梦想是什么？其实我觉得，阿里巴巴的梦想远远没有实现。我们希望做一家102年的公司，现在刚刚过去16年，还有86年要走。我们真正的梦想是：通过我们的努力，让更多人的梦想成真——我们要成为别人梦想的支撑。我们要把阿里云的整个思想，把阿里巴巴积累的数据、计算能力分享给无数追梦者、无数创业者，让他们的梦想能够成真！

DT的思想是你中有我，我中有你

有人觉得，互联网的发展使得传统企业没有了机会。谁说传统企业没有机会？就看你是不是能够行动，是不是有这样的速度，是不是有这样的梦想，是不是可以把所有的梦想变成现实！

很多东西我们可能都不懂，但我们尊重"不懂"。很多事情，正因为我们不懂，才让我们好奇，才让我们探索。这几年，我在网上看到大家说得最多的话就是，BAT［百度（Baidu）、阿里巴巴（Alibaba）、腾讯（Tencent）］把中国所有的创新、创意、创业的机会拿走了。这让我想起20年以前，我怪比尔·盖茨，我怪IBM，我认为这些公司把我们的机会拿走了。但事实上，这20年来，还是有无数的创业者把握住了机会。

有人说，有BAT这样的三座大山在，我们怎么会有机会？我认为，不是把村里的地主斗死了，农民才会富起来。三座大山也好，七座大山也好，BAT依旧会继续发展，但你们还是有机会赢的。因为今天的创业环境、基础设施、融资环境要比15年以前好很多，你们每个人的素质、创业的能力，也是我们当年不敢想象的。

大家把阿里巴巴的18位创始人传说得非常了不起。其实，阿里巴巴的18位创始人在16年前都是因为找不到很好的工作，才去创业的。我们没有很好的文凭，没有很好的资历和关系，我们聚在一起就是因为对未来的梦想。我们相信只要努力，未来有一天我们的梦想就会成真！

真正的机会不是被夺走了，而是来了

只有我们每个人相信自己所说的，相信自己所认为的，相信自己所做的，我们才会有未来。机会无处不在。从现在往前推20年，实际上是互联网技术突飞猛进发展的20年，未来的30年将是互联网技术融入全社会方方面面的30年，这30年才真正蕴含着创业的巨大机会。

我们正在进入一个新的资源整合的时代，这个时代的核心资源已经不仅仅是石油，还包括大数据的管理、分析和应用。中国现在是一个计算机大国，而不是一个计算大国，但我相信，中国一定会成为一个计算大国。

现在，大数据已经成为一种重要的生产资料，而未来的生产力就是大数据的分析应用能力和所有创业者的创新能力、企业家精神。

政府部门未来的监管和治理离不开大数据。政府在招商引资的时候，要考虑的已经不是原来的"五通一平"，而是应该考虑计算能力、储存能力、数据的整体服务能力。DT时代更加公平、更加透明、更加开放，DT的思想是"你中有我，我中有你"，DT思想让所有人都联系在一起，密不可分。

如果IT时代诞生的是制造，那么DT时代将会诞生"创造"。如果IT时代诞生的是知识，那么在DT时代，人类将会真正进入智慧的时代。计算能力在未来将会成为一种生产力，而数据将会成为最大的生产资料，会成为像水、电、石油一样的公共资源。在拥有石油这样的新能源之前，人类没有想过自己会登上月球；在拥有计算能力之前，我们可能无法想象人类的思考能力能延伸多远。我相信有一点是肯定的，有了计算能力，有了数据以后，人类会发生天翻地覆的变化，人类将会从"向外看"发展到"向内看"。什么是"向外看"？人类的知识、眼界已经扩展到其他星球，火星、金星都在我们的探索域中。但是，人类对自身的了解是非常疏浅的，而数据将会使我们对自身有空前的认知和了解，这就是"向内看"。

这是一种认知和思考能力从技术层面的释放。人类需要向疾病、向贫困、向环境恶化的问题发起挑战，而这次人类拥有的巨大武器就是计算机，就是云计算、大数据分析和应用的能力。当最贫困的角落有计算机与世界相连的时候，我相信人类战胜贫困的可能性将会大大增加。思考能力的解放也会改变企业的生存方式。小企业将获得和大企业一样的机会，创新和创造将成为企业能否成功的决定性因素。

伟大的企业一定是诞生在困难的时候

很多人在担心中国的经济问题，其实我个人觉得，中国经济从来没有遇到过这么好的机遇，伟大的企业一定是诞生在困难的时候。中国经济的上行速度从9%下降到了7%，但即便是到了5%，中国经济依然是全世界四大经济体中发展最快的。中国经济巨大的潜力在于内需。以前中国经济的"三驾马车"，即所谓的投资、出口和内需，投资和出口是政府的强项，但政府很难让老百姓把钱掏出来进行消费。今天，我们可以用新的技术，用"云"去激发内需，用"云"去启动内需，用云计算、用互联网去培养内需。我相信未来的20年，中国会进入真正的内需时代。这是所有创新者、创业者的巨大机会所在。

今天，中国约有3亿人属于中等收入群体，但我们的消费水平和消费能力依然处于初等阶段。什么是消费？按照《辞海》的解释，消费是指人们消耗物质资料以满足物质和文化生活需要的过程。而在不同的收入水平和消费观念下，人们对物质需求的品质和数量要求是不同的。以前我们家里只有一台电视机，现在可能很多人家里有四台电视机，但只有一台是经常打开的，其他三台是为了增加生活的便利性，比如家人可以在不同的房间收看各自喜欢的电视节目，而这就是生活品质提高后出现的内需。

我们要鼓励人家多买，鼓励人家花钱。有时候，钱是越花越多的，不是省下来的，是靠投资、靠消费、靠享受刺激更大的创造财富的动力而获得的。人活在这个世界上，不能只是勤苦、节约地过一辈子，还要享受靠奋斗创造的物质生活。我觉得所有的创业者、创新者都要让你们的产品吸引别人，让你们的产品引起别人购买的冲动和享受服务的冲动，这才是真正的消费经济的动力所在。

未来的15年里，中国将会有5亿人进入中产阶层。5亿人意味着什么？美国今天进入中产阶层的人不到1.5亿，但美国的内需带动了整个世界经济的发展，也就是说未来15年，中国将会有3倍于美国的内需。如何挖掘这个内需，才是中国经济真正持久发展所要思考的。我们所有的创业者、创新者，要想尽一切办法挖掘内需，想尽一切办法从健康、从快乐、从"智造"上入手。只有这样，我们才能走得更远，才能让中国经济、中国环境、中国的老百姓走得更好。

我们都知道钱很重要，但我更知道坚持梦想、坚持努力的重要。记得15年前，我去硅谷争取融资三十几次，找了三十几家公司，全被拒绝了。今天很多人说融资难，不，融资从来没有像今天这样容易。以前我们融到2000万美元，就成为年度融资最多的公司，今天融到10亿美元都不好意思告诉别人。

拿中国讲故事的人很多，而能够把故事变成现实的人并不多。我们不能去问别人要钱，而是要向市场要钱，要赚出盈利来。只有别人看到你的盈利，你才能持久。所以，我希望创业者们脚踏实地，把自己该花的钱花出去，把不该花的钱省下来。我们要走的路还很长，未来的竞争不是3年的竞争，而是30年的竞争。

中国经济真正的驱动力不在于传统制造，而在于所有创业者们的创意、创新和创造！

编者注：

2015年10月14日"杭州·云栖大会"召开，马云在大会上发表主题演讲。

5. 当我们谈论EWTP,我们在谈论全球化

　　我们必须想办法改变现有的贸易状态。世界在发生巨大的变化，互联网作为这个世纪人类巨大的技术创新，其影响并不亚于第一次工业革命在英国爆发后对世界工业格局产生的影响。第一次工业革命诞生了工厂，促进了世界贸易。第二次工业革命在欧洲和美国发祥，促进了大公司、大组织的发展，由此也出现了一些国际通用的贸易协定和条款。然而，今天全世界不缺少贸易协定，贸易却越来越难做，争论越来越多，结果是越来越多的人不高兴。以蒸汽机的使用为标志的第一次技术革命解放了人的体能；以电力的广泛应用为标志的第二次技术革命使人类可以走得更远；第三次技术革命以原子能、电子计算机和有机合成材料的发现与发明为标志，解放了人类烦琐复杂的脑力劳动。如今，我们已经进入以信息技术、生物信息产业、大数据为关键词的时代，这次技术革命不仅将进一步解放人类的体力、脑力，还将释放人类的智慧。就我们而言，是如何利用我们的智慧去解决人类在贸易过程中发生的问题。

对中小企业的制裁，无异于对平民的轰炸

2001年，我第一次参加冬季达沃斯论坛，那时候中国刚刚庆祝加入WTO，大家都认为中国面临着巨大的挑战——"狼"来了！外国的企业要进入中国，外国的生产资料、商品都要进入中国了。我们把这些外来者称为"狼"。但是，中国企业和消费者认为既然WTO不可避免，我们就必须去拥抱它，拥抱这个变化。不过，到了达沃斯那天我才发现，整个达沃斯游行示威表达抗议的人非常多。人们都在反对全球化，很多人认为全球化并不会给世界经济带来益处。我带着巨大的困惑参加了那次会议。

15年过去了，我的困惑仍然没有改变。过去的15年，世界贸易因为WTO的推进发生了天翻地覆的变化：15年前，中国人认为"狼"来了，外国企业进入中国会把整个中国市场冲垮；15年后，外国企业认为"中国狼"来了，把他们逼跑了。但15年来，我们看到的一个问题是：无数的跨国企业获得了巨大利益，而发展中国家的中小企业以及无数的年轻人并没有从全球化中获得多少利益。如何能让无数的中小企业、年轻人、女性创业者从全球贸易中获益，这是一个巨大的挑战。没有过去几十年WTO的努力，世界经济和贸易不会发展到今天，但遗憾的是，WTO的会议谈到今天为止，一直都是政府部门在讨论。企业家在哪里？真正的贸易商人在哪里？

我们很清楚地看到，这个世界变得越来越复杂：人与人之间缺乏信任，缺乏沟通理解，各种文化还在不断地争论和对抗中。我认为贸易是最好的沟通方式，是承载文化最好的方式，可以让我们尊重和理解不同的文化。但在今天，一些贸易变成了政治的手段，变成了战争的工具

（经济制裁）。我本人非常反对各种形式的贸易制裁，特别是对中小企业的制裁。我认为，对中小企业的制裁无异于对平民的轰炸。我们应该让贸易回到贸易中，贸易本身不应该承担更多的政治因素，应该更多地由企业、由NGO（非政府组织）去平衡各方的利益，以此来建立一个新的互惠互利的贸易规则。

互联网的不断发展，把世界通过虚拟空间连接了起来，把世界各个角落的人都变成了地球村里的居民。谷歌、facebook、腾讯、百度，都试图把人连接起来。利用互联网把全世界的企业、银行和基础设施联系起来，让每个人可以从事贸易，让每家小企业可以参与贸易，这才是我们这代人必须做的事情。

打破贸易壁垒，建立EWTP

我对贸易的理解是，不管你用什么方式，都可以全球买、全球卖。过去的贸易规则是大企业之间的，未来的贸易规则应该适用于所有守法的买家和卖家，每个人都可以有机会参与。比如你家里有一块地，你地里生产出来的农产品通过这个平台，不仅能卖给自己村里，能卖给县城，还能卖到全世界任何国家和地区——全球每个消费者都有权利买到或卖出全世界任何地方的商品。贸易应该是每个人的权利，应该让每个人都可以参与。白天打一份工，晚上可以做买卖。

我特别呼吁，全世界应当建立一个EWTP。在EWTP上，我们专注于80%没有机会参与全球化的企业，我们专注于那些小企业，专注于那些发展中国家。过去的WTO规则是帮助跨国企业、发达国家的，未来的30

年，我们应该专注于80%的中小企业，80%的发展中国家，80%的妇女和年轻人，让他们有更多的机会在这个平台上参与世界贸易。

我觉得我们要共同去努力，打破所有的贸易壁垒，建立一个并不亚于WTO的组织。互联网把全世界的企业联系起来，数据可以让每个人都享有一个公平交易的环境，每个人都可以使用全球物流体系。我相信今天我们已经具备了这样的技术，也具备了对世界贸易规则进一步完善的条件，还有一批愿意参与世界贸易的年轻人。大家知道，截止到2016年3月21日，阿里巴巴的电商GMV（成交总额）已经超过了3万亿元人民币。阿里巴巴在过去的13年里，在整个中国互联网基础设施和贸易条件并不完善的情况下，完成了3万亿元的销售额。既然在短短的13年里，几千个中国的年轻人都可以做到，为什么我们不可以通过10年、20年的努力，让世界贸易平台变得更加没有障碍？

我呼吁大家共同建设EWTP这个平台。我们必须去改变，去创造一个新平台。在这个平台上，我们不应该再互相争论，而应该分享贸易内容、分享文化；在这个平台上，我们可以让各国之间增加了解和理解，让全世界的年轻人都找到自己的机会。我们不仅要推进平台的技术，还要推进普惠金融。我们的期望是：通过普惠金融制度让全世界的年轻人都受益！

世界已发生变化，我们不应该再为昨天而争论，我们也不可能恢复到昨天的辉煌。只有让80%昨天没有得到机会的人得到机会，这个世界的明天才会更加美好。

编者注：

博鳌亚洲论坛由25个亚洲国家和澳大利亚共同发起，于2001年2月27日在中国海南省博鳌镇正式宣布成立。论坛为非官方、非营利性、定期、定址的国际组织，为各国政府、企业及专家学者等提供一个共商经济、社会、环境及其他相关问题的高层对话平台。2016年博鳌亚洲论坛年会于3月22日至25日召开，主题为"亚洲新未来：新活力与新愿景"，其中"互联网＋"相关话题是重头戏。在会上，马云首次提出需要建立人人都能参与的EWTP（世界电子贸易新平台），提出电子商务是一场生态革命。

6. 当东方遇见西方

中国人跟美国人有很大的差异。美国人把自己想干的事情说成是全世界的事情，人类必须这么干，不这么干就不行；中国人为人类做了很多贡献，为世界做成了很多事情，却说成是我们自己家的事情。

原来新中国的经济非常落后，国家的经济实力比较差，所以大家对中国没有什么期待，但随着中国成为世界第二大经济体，世界对中国有巨大的需求，也有巨大的期待，世界希望中国担当起世界第二大经济体的责任。

"一带一路"是中国对世界的担当

我个人认为，"一带一路"是中国担当起世界责任的机会，也是中国希望为全人类做一些事情的载体。"一带一路"根本不是什么转移中国过剩生产力，正像孔夫子说的"己所不欲，勿施于人"，中国人崇尚的理念是给朋友的东西一定是自己最好的，你不能把家里用不了的东西分给别人，那样麻烦就大了。

中国其实很了不起。在300年以前，东方文化是世界上最繁荣的文化之一，这300年来，西方文化也发展得不错。中国发动的第一次全球化是什么？是丝绸之路。

过去三五十年，世界融合的格局是美国化，是工业泛化时代。美国作为世界第一大经济体、世界上非常了不起的国家之一，用自己的方式方法进入全世界，把工业化推到了鼎盛。

但今天，世界经济贸易的不平衡，新技术的产生，经济形势的变化，让中国意识到必须做一些对世界有贡献的事情。如果把"一带一路"当作中国对世界的贡献，当作中国参与制定更加公平、更加开放、更加透明的贸易规则的方式，"一带一路"就会给沿线国家带来实惠，就会受到更多人的尊重，而我个人觉得这就是"一带一路"的初衷。

如果以前的全球化是以获得资源、廉价劳动力，抢占更多的市场为主，那么我相信"一带一路"所发动的、所引起的全球化，应该是为当地创造就业机会，为当地做一些他们现实情况下做不到的事情，为当地的经济繁荣做出贡献。如果这样去思考，我相信"一带一路"才是21世纪真正了不起的想法。中国要分享经济成长的经验，更要分享自己对世界的看法，要勇于为世界担当。

而且，我认为"一带一路"更重要的是东西方文化的交流。只有文化的交流、思想的交流，才有可能带来经济的交流。

西方讲黑白相争，东方讲黑白相融

东西方文化是有巨大差异的。中国人见面是问"你吃饭了吗"，西方人是问天气好不好。原因可能是中国人靠种田吃饭，最关心的是有没有饿肚子，这是亚热带地区、农业社会的问题。西方是北温带，以打猎为主，天气好才能打猎，所以他们对天气很关心。另外，种田是不一定需要团队合作的，而打猎似乎更有必要进行团队合作，所以东方人的团队合作从历史上来看相对差一点，作战能力也差一点。西方最早是以游牧民族为主，从打猎到后来的掠夺，再到今天足球的发展都体现出很强的作战能力。足球人家是11个人踢得像1个人一样，我们是1个人踢得像11个人一样。

美国人老是担心万一有一天中国强大了会不会控制世界，其实这就是东西方之间存在很大文化差异的表现之一。前段时间，我在美国跟一些媒体的高管们交流，谈论关于东西方文化的差异，他们讲得特别有道理，最后我问他们有谁看过中国的儒释道方面的著作？《论语》有没有看过一篇？没有。《道德经》有没有看过一篇？没有。我就说，我看过《圣经》，看过之后我懂得了尊重，我懂得了西方文化跟我们的差异，以及他们的强项和我们的弱项。

西方讲黑白相争，东方道家思想讲黑白相融。黑不一定就是坏的，白也不一定就是好的。小时候，只要我在外面打了架，不论是否打赢对错，我父亲都要先把我打一顿再说。这是中国历来教育的内容和方式，而西方讲究的是在冲突中解决问题。

我们要教育我们的孩子在冲突中解决问题。这个世界怎么可能保持不冲突呢？"一带一路"怎么可能不冲突？全球化怎么可能不冲突？

中国的道家哲学讲究改变自己以与自然和谐，儒家思想讲究改变自己以适应这个社会，佛家讲究改变自己的行为顺应内心的发展。儒释道三家都没有出现对抗的思想，或者说一定要当"领导"。

西方的拳击以打倒对方为赢，中国的太极以不伤人而制胜。所以，中国人在商业竞争中要让人家知难而退，对抗已经是下策，而让对手根本不知道怎么杀进来那才叫高手。

因为学语言的关系，我看了《圣经》。我觉得这是世界上最了不起的"畅销书"，它条理清晰，而且讲得你特别感动——其他的不用听，听上帝的就行了。我们佛家讲究"悟"就麻烦了，每个人的想法、境界和能力都不一样。所以在我看来，中国文化当中有些说法很有道理。所谓文化自信是不能自负，要自信，清王朝是文化太自负了，被打垮以后我们又失去了自信，觉得自己什么都不是，西方什么都很好。其实也未必。

全球化讲的是格局，国际化讲的是能力

国际化和全球化是两个不同的概念。我个人认为"一带一路"是全球化。国际化讲的是能力，全球化讲的是格局和境界。很多人讲的企业能力和个人能力都是国际化，全球化是全球的担当、全球的视野，连非洲的小国都跟我有关系，就是要有这样的境界。国际化可能要懂点英文，全球化事实上不需要太懂英文。毛泽东懂英文还是尼克松会讲中文？但1972年，这两个了不起的人搭建起了人类最重要的全球化的格局，影响了未来很多年。我认为，"一带一路"是全球化的格局，但中国企业走出去的时候要有国际化的能力。

欣赏竞争对手，你会越来越强

中国文化非常独特，中国人是用欣赏和尊重的态度来观察与别人的不

同并学习和赶超的，这是我们的文化。一个美国官员跟我讲，如果中国当老大的话会怎样怎样，我说你放心，中华民族的文化不在于打仗得胜，而在于太极的"化"，讲究"君子动口不动手"，是潜移默化地改变你。

今天是中国了解西方还是西方了解中国？是美国了解中国多，还是中国了解美国多？我们先做一个假设，如果你今天到纽约去，在街上找100个美国人，你连说10个中国城市会让他们全部晕倒，除了北京、上海以外，他们连杭州都不知道。估计能讲10句中文的找不出10个人，哪怕到哈佛大学去。但是你到北京、上海找100个中国人，你让他们讲10个英语单词，都能说得很溜，连美国的事情他们也很关心，特朗普在美国总统大选中获胜的事情每个人都知道，每个人都关心。

这个世界上，每个国家都有很多精英。真正的精英会不断学习，不断适应，不断欣赏新的文化，不断改造自己，而不是改变别人。那么，是东方好还是西方好？我认为东西方都很好，但成功者一定是东西合璧，互为欣赏。带着欣赏和尊重去看的时候你会做得更好，跟对手竞争的时候，你也会越来越强，而带着仇恨的眼光可不行。商业没有竞争多可怕，但是有人把竞争搞得很可怕。

过去300年，西方是知识驱动的，300年以前的东方是智慧驱动的。什么叫聪明，什么叫智慧？以我个人粗浅的理解，聪明是看见别人没看见的东西，智慧是看见了也当没看见。

西方确实对人类社会做出了巨大的贡献，如果没有过去两三百年科技的发展，人类的进步是不可能的。但是，人类历史不是只有300年，是有几千年的文明做根基的，大家也不能把科学神化。我的观点是，科学不是真理，科学是用来证明真理的，有些问题用科学不能解释不等于不对，所以要开放思维。

我同日本、美国、俄罗斯这些国家的企业家交流以后发现，一家企业必须基于本国强大的文化才能不断地成长。一个国家也一样，中国要真正参与到"一带一路"的发展中，必须分享东方的文化。

"虚拟经济"是服务业的一部分

在西方人眼里，如果经济下滑，老百姓就不花钱了；东方人刚好相反。中国人是世界上忧患意识最强的，一有钱就存银行。现在中国的存款率那么高，即使经济不增长，中国人也有钱花，因为美国人是花明天的钱，甚至花别人的钱，中国人永远花自己的钱，所以在经济困难的时候，中国人依然有钱可花，更何况今天中国的GDP还有6.5%的增长。

我一直觉得，一个国家的经济不可能持续增长10%以上。你在18岁以前每年长四五厘米是可以的，长到一定程度之后，长的是脑子，而不是身体。有人讲中国的消费起不来，因为医疗保险制度等都不完善，所以人们有恐慌心理。真正的消费是只要有好东西，消费者就会被激发起购买的欲望。我从来没有听说过一个国家要把医疗、健康、保险做到完美以后再去消费的，更何况建立医疗保险、社会保险本身就是一个巨大的消费机会。

我觉得中国的产品从数量走向品质、质量，是一个必需的逐步完善的过程。中国经济从制造业为主的实体经济，走向服务业为主的经济是必然的过程，是社会进步的需求。现在没必要把实体经济和虚拟经济对立起来，其实银行、互联网产业也是服务产业的一个组成部分。

所以，我认为，中国有巨大的内需市场，中国的商业环境正在走向好转，20世纪70年代做生意靠胆量，80年代、90年代靠关系、靠资金，现在靠智慧。

我觉得"理想主义"和强大的文化底蕴是我们这个国家所拥有的，但是我们更需要站在全球化的境界去思考"一带一路"跟过去30年发展的差异。不是要问当地是否有便宜的劳动力，当地是否有便宜的原材料，而是要去考虑做什么事情可以给当地创造更多的就业机会，创造当地没有的独特价值。

做企业的三个关键：情商、智商、爱商

做企业有三个关键：情商（EQ）、智商（IQ）和爱商（LQ）。情商极高的人很容易成功，但是他们智商一般不太高，因为聪明的人不太学习，所以智商高可以保持不败，情商高可以走向成功。

所有成功的创业者情商都极高，对人性的问题把握得很好。

有情商和智商可以让一个企业走向成功，但不能忽略一个关键点，那就是爱商（LQ），你没有爱商，你哪怕很有钱都不会得到尊重。

中国作为世界第二大经济体，如果我们没有对世界的担当，没有爱商，就得不到世界的尊重。爱商和情商是有差异的，情商是对人的了解，爱商是对世界有大爱之心，大爱之心也不是滥爱之心，是有原则、有底线的。

中国有几千年的文化，过去30年，中国这样的成长速度让全世界都惊讶。这个成长绝不是光靠学习一些知识就成就的，是有强大的文化基因支撑着的。所以，我们既有好东西，也善于学习。我们秉持大爱之心，就能为"一带一路"沿线国家带去福利。

编者注：

2016年12月2日，马云在香港出席《南华早报》中国年会时畅谈"一带一路"，以及全球化和东西方文化融合。

马云

未来已来

>> 第二章 >>

阿里的

下一个十年

1. 一家伟大的公司，必须解决社会问题

阿里巴巴为什么能够发展到现在这样的规模？因为我们相信未来。10年前，我告诉人家我坚信互联网就是未来。即使成功的不是我们，也会有其他人成功。直到今天，我仍然相信未来。在中国，有淘宝、百度和腾讯，年轻人已经没有机会了吗？我想在韩国一定也有相同的情况，每个人都会觉得，已经有这样的公司了，我们是否还能生存？10年前，我对比尔·盖茨也有同样的想法，是不是因为有微软，我就没有机会了？是不是因为有谷歌，我就没有机会了？不是，机遇无处不在。因为有互联网，因为有云计算，因为有大数据，这个世界上，每个人都有机会。

机会在哪里？机会就在有人抱怨的地方，我这样告诉自己，也告诉年轻人。在中国，当人们抱怨的时候，机会就出现了。处理人们的不满，解决存在的问题，这就是我们的机会。如果你像其他人一样去抱怨，你也就没什么希望了。所以，当我听到别人抱怨时，我就会觉得很兴奋，因为我看到了机会，我会思考自己可以为他们做些什么。

从改变成功的人到改变渴望成功的人

今天的阿里巴巴集团，支付宝和菜鸟都太大了，现在这样的规模，每天都会出现许多让人头疼的问题。年轻时，我告诉自己有一天要成为一家大公司的CEO，那样的话，我的生活就会轻松很多。但事实绝对不是这样，当公司越来越大时，你的生活绝对不可能变得轻松，每天都会有新问题出现。

虽然生活真不容易，但我们还是要面对它。所以，当你的公司人员不多的时候，你要找准定位；当公司规模变大的时候，如果察觉到有什么不妥的地方，你需要提前六个月变动。因为往往当你意识到不得不改变的时候，通常都已经迟了。就像泰坦尼克号撞冰山那样，会很快沉掉。我时常问自己，如何才能让这艘船安全航行？这不容易，我们在中国创造了1200万个直接和间接的就业机会，如果我们这艘船沉了，1200万个就业者就岌岌可危。

所以，我们问自己，我们应该往哪儿走，如何跟未来竞争？在20世纪，如果想成为一家伟大的公司，通常只需抓住一两个机遇；而在21世纪，如果想成为一家伟大的公司，必须解决社会问题。中国的社会问题很多，我相信像我们这样的公司可以帮助来解决社会问题。首先是创造就业岗位；其次是扩大内需，让农村和农民都富裕起来；再次是让中国的经济变得更好。

创造就业岗位非常重要。有人说，这不是你的问题，而是政府的问题。我认为，这就是我的问题。1999年成立公司的那天，我们就确立了自己的使命。我对17个创始人说，我们聚集在这里，是因为我们想要帮助小企业成长，这是我们的使命。小企业是创造就业机会的主要群体，他们有无限的创造力。虽然阿里巴巴现在壮大了，但我们不能忘记我们从公司成立第一天就开始担负的使命。就像初恋通常是最美好的，最初的爱往往是最美丽的爱。在这14年走过的艰苦日子里，我们常常记着我们服务的对象是小企业。即使后来我们去做淘宝，我们仍是在帮助小企业，淘宝上有900万小卖家。这是我们要记住的初心，并且要持续下去。时至今日，我们依然在创造就业岗位。

第二是内需。在中国，沿海城市很富裕，从富人身上赚钱很容易。每个人都想从有钱人身上赚钱，但如何从穷人身上赚钱？我们要先让穷人富起来，然后才能赚他们的钱。

在沿海开放的大城市，如果公交车上有21个人，那么通常其中20个人都是销售员，每个人都想向你推销东西。如果你是其中一个销售员，你会怎样做？看到别人口袋里有5元钱，一个成功的销售员会想如何把那5元钱弄到自己口袋里，而一个好的企业家会想如何将那人的5元变成50元，然后取得2元，这是最好的方式。帮助别人致富，这就是我的工作。

未来在中国，有很多人想致富。帮助他人致富，然后你可以从中分到一杯羹，这也是一种致富的办法。为什么淘宝、阿里巴巴增长得那么快？我们的理念之一是：永远不要尝试改变或说服一个成功的人，要改变或说服那些希望以更容易的方式成功的人。

10年前开始做淘宝时，我们去找了很多成功的人。他们说："不不不，我永远不会在网上购物，这太愚蠢了。"他们是成功的人，去改变成功的人是不可能的，但改变渴望成功的人却很有趣。

所以，我们相信，中国经济的潜力不在大城市和沿海开放城市，而是在中西部。这些地区的人都想要致富、想要成功，有上亿的农民希望获得成功。如果我们能帮助他们成功，我们便有了巨大的机遇。

十年前，我只想能够生存下来

如何让中国的经济变得更好？现在的中国有雾霾的问题，有水和食品安全的问题，我们很沮丧。怎么来改善它们？我相信互联网不是一个赚钱的工具，而是改善社会状态的工具，改变人们思考方式的工具。我有一个很大的愿望，我相信它会成真，那就是中国会因互联网而改变。人们都对我说："Jack，人人都想搬离中国，没人想留在中国，中国很糟糕。"不！未来永远会比今天更好。人类经历过很多艰辛的时期，战争、灾难、饥荒。我们今天同样面对挑战，这些挑战并非最困难的。我们将会生存下来，中国将会生存下来。我们这代人是在互联网环境下成长的，我们开放、透明，我们学习如何享受自由，我们知道全世界各地发生了什么事。

我相信年轻一代肯定比我们更聪明。他们勤奋，有更好的机遇，怎么会解决不了这些问题？五年前在中国，人们说："Jack，你是生意人，为何谈水、空气和树？"我说："水、空气和树出现了问题。如果我们什么都不做，中国将会有麻烦。"今天，每个人都在抱怨水、空气和环境。停止抱怨吧，这已经太迟了！相反，去改善这些局面，是给我们这代人的机遇。有人说中国这里有问题，那里有问题，只会抱怨的人永远不会成功，那些在别人的抱怨中抓紧机会的人才会在未来20年有机遇。我的亲兄弟，他常抱怨，我不抱怨，他30年来没有多大改变，而我一直在变。所以，我想和现在的年轻人说，永远要对未来保持高期望，每天尝试改变自己一点，只要一点就行。

人们还问我："Jack，10年前你就已经有这样远大的目标了吗？你知道自己会有今天吗，有淘宝、支付宝？"不，我告诉你实情，我从来没有想过自己会这么成功。10年前，我只想能够生存下来，我只想可以有钱付工资给员工，有钱付工资给自己。

但即便是那时，我对未来依然充满期望。我知道若我不努力工作，我便不会有机会。过去的14年给了我一个深刻的体会，我希望与所有的年轻人分享。无论有多少人抱怨，无论你喜欢与否，我告诉大家，20年后，这世上一定会有比今天更富有的人、更成功的人，会有比现在更大的公司，这是肯定的。无论你喜欢与否，这都是现实。但那个更富有的人是否会是你，则要看你有多勤奋，做事有多聪明，是否会不计得失地去帮助别人。

今天，当你还"小"时，想法要"大"，做事要"细微"。而当你变"大"时，要想到"小"。阿里巴巴的规模这么大，要想到创造就业机会，帮助贫困地区富起来，改变中国的环境。这是抱怨，更是机遇。

编者注：

2013年12月10日，马云受邀在韩国首尔大学"近代法学教育百年纪念馆"举行了一次演讲。在演讲中，他跟学生们分享了自己在创业初期遇到的挑战以及解决问题的过程，并就电子商务的未来发展、创业、职业选择等青年关心的问题与学生们做了深入交流。他指出，年轻一代不仅要自己事业成功，还要关注国家建设。

2. 70后带领阿里进入未来十年

16年前，我们在湖畔花园①创业的时候，很难招到员工。那时候我们有个愿望，希望有一天阿里巴巴"弓马殷实，猛将如云"。为了这个理想，也为了真正实现健康、持久发展102年的愿景，我们在人才培养、在组织和文化的建设上，比其他创业公司投入了更多的时间和精力。

从2003年开始，我们对每一个岗位都实施了接班人培训计划，我们把文化、价值观以及团队合作纳入每个同事的业绩考核。2009年，阿里巴巴成立十周年时，为了确保阿里文化未来的传承，我们正式启动了合伙人制度建设。2012年，我们开始实施阿里巴巴领导层年轻化的整体换代升级准备工作。同时，为了更好地平衡集团整体战略的延续性、稳定性，以及提高执行管理指令的快速反应能力和创新能力，阿里集团成立了战略决策委员会（董事长担任主席）和执行管理委员会（CEO担任主席）。

形势逼人变强。一路走来，我们很幸运地抓住了互联网给我们带来的机遇。我们也在模糊的感觉和坚定的自觉中，形成了自己在从IT时代到DT时代的转变中对公司管理体系的理解：DT时代，任何业务上的创新和

---

① 湖畔花园：湖畔花园对马云来说意义重大，不仅是他创业前的家、初次创业的"基地"，还是"湖畔精神"的发源地。

变革，都必须伴随着组织文化上的创新和变革。我们为此很努力地准备了16年。

阿里所有"兵权"移交给70后

我清楚地记得那年给大家写信，宣布我将不再担任阿里巴巴集团CEO一职。阿里巴巴今后会有无数次CEO和组织的交接班，因为组织传承的规则和经验必须在我们年轻力壮的时候制定并积累起来。

未来是最难把握的，因为它变化，它无常。把握未来的最佳方法不是留住昨天或争取保持今天，而是开创未来。我们永远相信年轻人会比我们更能开创未来，因为他们就是我们的未来。投资年轻人群体就是投资自己的未来。

现在，我欣喜地看到：经过多年的努力，阿里巴巴集团已经可以把领导权全面移交给70后。

自2015年5月10日起，陆兆禧将卸任阿里巴巴集团CEO一职，出任集团董事会副主席。王坚、邵晓锋、曾鸣和王帅，也将把日常管理权移交给我们培养出来的70后管理团队。移交管理工作后，他们将全面投入到集团战略决策委员会的建设和发展中，专注于战略、人才培养、文化建设和传承。这也标志着阿里巴巴集团将会全面由70后掌控"兵权"！

接替陆兆禧担任阿里巴巴集团第三任CEO的是1972年出生，在阿里巴巴工作了八年的张勇。说来惭愧，我以前经常说，天不怕地不怕，就怕CFO做CEO，而逍遥子（张勇）就是CFO出身。令人欣喜的是，我们不仅仅有逍遥子这样的杰出领军人物，还有站在他背后的一批70后猛将：

B2B的吴敏芝、淘宝系的张建锋（行癫）、阿里云的胡晓明（孙权）、菜鸟的童文红、移动互联网的俞永福，还有身经百战、坐镇中场的姜鹏（三丰）、戴珊（苏荃）、吴泳铭（东邪）、蒋芳。经过这几年的努力，阿里巴巴管理层中，70后的管理人员占45%，80后占52%，而60后只占3%，还有3000名优秀的90后人才加入了阿里巴巴集团。

在这里，我要特别感谢陆兆禧。这两年是阿里巴巴集团业务突飞猛进的两年，也是我能够更专注于战略、文化和人才培养的两年。我比谁都清楚，做性格夸张的马云的接班人，以及出任如此庞大、复杂、变化一日千里的集团的第二任CEO，需要承担多少压力，需要多少勇气担当和牺牲付出。陆兆禧出任集团董事会副主席后，将和蔡崇信副主席一起，在这个新的岗位上配合我的工作：专注于年轻人的成长，专注于阿里巴巴集团的CEO交接换班的制度建设。

未来5年到10年完成全球电子商务网络建设

每一代人都有自己的荣耀，每一代人都有自己的使命和任务。过去16年里，阿里人用自己的坚持和行动证明了电子商务可以改变和影响我们的生活，我们开创了自己独特的商业模式。但我们不应该满足于今天的成绩，更不能活在他人的赞美或自以为是的成功里。我们不应该仅仅活在外界对我们每个季度的盈利预期里，我们必须依然像过去的16年那样，活在自己的理想里，活在客户和市场对我们的期待中。因此，70后的阿里管理层将会带领我们在未来10年里，抓住互联网+时代的机遇，全力进入云计算和大数据时代。

　　我相信，阿里集团会在5年内，也就是2019年（阿里巴巴成立20周年），成为世界上第一家平台销售过万亿美元的公司。当然，我们不能只是成为一家最会卖货的公司，我们还希望通过我们的电商、金融、物流、数据、跨境贸易等平台和服务，建立起一个真正开放、透明、繁荣的商业生态系统，让无数企业方便地从事商务活动。我们更相信，在2019～2024年的5年里，阿里巴巴的商业生态体系将进一步全球化，通过云计算和大数据技术，在全球范围内建立起一个可以服务20亿消费者和数千万企业"全球买，全球卖"的商业生态平台，全世界的中小企业可以通过创意、创新和创造，真正参与公平、自由、开放、平等的全球贸易。

　　我们坚信：未来30年才是互联网技术真正深刻改变社会各方面的时代，云计算、大数据、人工智能、智慧城市、生物工程等将会让无数的梦想成真。这是我们的时代，更是年轻人的时代。

　　就像苹果、奔驰、三星等受人尊重的标志性企业一样，未来的阿里巴巴也会令全球期待。阿里人不要抱怨或者纠结于外界的批评和指责，必须精益求精地、更好地回报社会，满足客户的期望和需求！对未来的坚持绝不等于我们要放弃今天，但如果不为未来而改变今天，我们就看不到属于我们的未来。

　　没有无所不能的企业和企业家，只有在人才发掘、价值创造、文化组织等传承机制上不断进步和突破，才有可能让企业和企业家在市场竞争中无所不能。对阿里人来说，无论时间怎么变迁，无论世界如何变幻，我们都要专注于最初的出发点——让天下没有难做的生意！

　　阿里巴巴，Let's open the future（让我们开启未来）！

编者注:

阿里巴巴集团自2003年开始对公司每一个岗位实施接班人培训计划，2009年正式启动合伙人制度建设，2012年开始实施领导层年轻化的整体换代升级准备工作。2015年5月7日，马云在写给公司内部员工的邮件中宣布一大批"老阿里人"的集体交棒，号称这是史上最大规模的管理层更替；同时推出阿里巴巴新任CEO张勇。

3. 帮美国的中小企业实现"中国梦"

20年前，我第一次踏上美国的土地，第一站是西雅图。来美国之前，我试图从课本、老师、父母等不同的渠道了解美国。我以为自己已经非常了解美国，但当我踏上这片土地的时候，才发现我完全错了。美国这个社会，和我从课本上学到的、从师长那里听到的根本不一样。

在西雅图，我第一次接触到互联网。回到中国之后，我告诉朋友们：我打算开一家互联网公司。我邀请了24位好友，讨论了两个小时。到最后，还是没有人理解我想要做的东西，于是我们进行了投票，23人投了反对票。我的朋友们劝我说："忘了它吧！根本就不存在这么一个叫'互联网'的东西，千万不要去尝试。"只有一个人对我说："马云，我相信你，虽然我不知道你想要做什么，但如果你想做，就大胆地去做吧，因为你还年轻。"那年，我30岁。

阿里巴巴与"芝麻开门"

没有任何计算机知识和商业知识，我开始了创业之路。

我和我的妻子，还有一位同学，东拼西凑了1000美元，开办了第一家公司。我们一开始的创业之路非常艰难，当时我觉得自己就是个骑在老虎背上的盲人。创业的前三年，我的生活真的非常糟糕。我清楚地记得，我想向银行贷款3000美元，这花掉了我整整三个月的时间。我动用了所有的关系，还是没拿到贷款。每个人都认为马云在撒谎，因为1996年的时候，人们不相信互联网这个东西的存在。

1996年下半年，中国刚接入互联网。于是，我邀请了10位媒体朋友到我家里来，想告诉他们我没有撒谎，确实存在互联网这个东西。为了下载一张照片，我们当时花了三个半小时。大家说："这东西真的能行吗？"我说："是的，行得通的，但不是现在，是在未来10年之内。"不管怎样，这至少证明了我没有撒谎。

我还记得，我们尝试帮助小公司在网络上销售产品，但没有人愿意来，因为当时还没有人在网络上买东西。所以，在第一个星期，我们的七个员工自己去买，自己去卖。到了第二个星期，有人开始在我们的平台上卖东西了，我们买光了他出售的所有商品。我们有两个房间，堆满了我们那两个星期在网上买的东西，那些都是对我们没有什么用的东西。但是，这可以告诉大家，互联网是存在的，网络是可以进行买卖的平台。事情并没有想象的那么容易，没有任何条件是成熟的。1995年到1999年这段时期，我们的创业失败了。

到了1999年，我邀请17个好友到家里，我们决定再尝试一次，并且把网站命名为alibaba.com。人们问我，我们为什么叫阿里巴巴？因为我们希望互联网就如同一个宝库，可以让小企业实现"芝麻开门"的梦想，而我们最开始想做的事情，就是帮助小企业。另外，这个名字容易拼写，也朗朗上口。

在中国，电子商务是一种生活方式

当时我们注意到美国的电子商务多是致力于帮助大公司，帮助他们节约成本，而当时中国并没有那么多大公司，但是有很多小企业。对小企业来说，生存是如此艰难。假如我们能够用互联网技术帮助这些小企业，那将多有意思啊。美国习惯于帮助大型企业，这就好比美国人擅长打篮球，而在中国，我们应该去打乒乓球，去帮助那些小公司。我们需要做的不是帮助小公司去节约成本，他们早就知道如何节约成本，他们需要学习的只是如何赚钱。因此，我们的业务一直专注于帮助小企业在网络上赚钱。

我们希望阿里巴巴这家公司可以活102年，这是我们给所有员工的一个清晰的目标。无论我们有多少盈利，无论我们赚了多少钱，无论我们已经取得了什么成绩，都不能认为我们已经成功了。我们不能忘记，我们的期望是坚持102年，现在才过了16年而已，前面还有86年！这86年中的任何一个时间，如果公司倒闭了，那我们就谈不上成功。

以前，人们说："你们的平台是免费的，你们的公司那么小。"在美国上市的时候，人们又说："你们阿里巴巴是做电子商务的，就像亚马逊一样。"可能亚马逊是美国人眼中唯一的电子商务模式，但我们和亚马逊不一样。我们自己不做买卖，我们只帮助中小企业做买卖。在阿里巴巴的平台上，每天有1000万家小企业在做交易。我们自己不送快递，但每天有200万人帮着我们配送3000万个包裹。我们也没有自己的仓库，但我们帮助那些中小物流快递公司管理成千上万个物流仓库。我们也没有任何商品库存，但我们有3.5亿买家，每天有超过1.2亿消费者光顾我们的网站。

2014年，我们的销售额已经达到3900亿美元。要知道，沃尔玛雇用了230万名员工，而我们只是从18人扩大到了3.4万人。在美国，电子商务是商务；而在中国，电子商务是人们的一种生活方式。年轻人在买卖中交换他们的思想，互相沟通，形成信任，从而建立个人信用记录。就好像星巴克一样，你去星巴克并非仅仅为了品尝它的咖啡有多么美味，那也是一种生活方式。这正是互联网电商改变中国的地方。

阿里巴巴会在未来五年里达到1万亿美元的成交额。这是我的目标，阿里巴巴的目标，我认为我们会达到这个目标。更让我们自豪的是，我们为自己的国家直接和间接地提供了1400万个就业机会。我们在中国乡村创造就业机会，我们为中国女性提供就业机会。中国互联网上成功的卖家中，超过51%是女性。我们为这些事情感到自豪。

中国消费者需要更多的美国产品

有人又会问，阿里巴巴现在做到了这些，阿里巴巴已经无处不在了，那你们的下一个目标是什么？你们未来的打算是什么？今天，中国超过80%的在线交易是由阿里巴巴创造的，我们未来的目标是将阿里巴巴的业务拓展到全球。阿里巴巴不仅要成为最会卖产品的公司，我还希望在阿里巴巴的带领下，电子商务的基础设施能够实现全球化。相较于美国，为什么中国的电子商务成长速度如此惊人？因为中国原来的商业基础建设太差。不像在美国，你们有汽车，线下有无处不在的沃尔玛和凯马特①。但

---

① 凯马特：Kmart，美国现代超市零售企业的鼻祖。

是在中国，我们并没有这么好的基础设施。

电子商务在美国如同餐后甜点，是对主流商业的补充，但是在中国，电子商务已经成为主菜。我们建设了电子商务的基础设施。所以，如果电子商务的基础设施能够全球化，包括在全球范围内提供支付工具、物流中心和透明公开的交易平台，那就能帮助全世界的小公司将他们的产品卖到世界的各个角落，帮助全球的消费者买到世界各地的产品。我们的愿景是：未来10年内，帮助全球20亿消费者在线购买全世界的产品，并且做到全球范围内72小时内收到商品；在中国范围内，无论你身在何处，24小时内收到商品。

阿里巴巴的全球化战略，仍然是致力于帮助小企业，帮助他们以最有效的方式来做生意。我们会在自己的电商平台上，再帮助另外1000万家小企业做生意。我们会给这些小企业以支持，我们会引导更多的流量给他们，向他们提供支付系统，提供物流配送系统，让他们更加快捷和便利地在全球任何角落开展业务。我们希望在中国以外的地方能够拥有40%的业务量，虽然现在我们的海外业务只占2%。

可能人们会继续问，现在阿里巴巴的业务做大了，也募集到大量资金，你们会来美国吗？如果来美国，你们是打算"入侵美国"吗？马云，你什么时候来和亚马逊竞争？什么时候来和eBay竞争？

其实，我对eBay和亚马逊抱有敬仰之心。阿里巴巴的下一步战略，也是帮助美国的小企业走进中国，帮助他们将产品卖到中国。现在的中国，中等收入人群的数量和美国的人口数量大致相当。我们认为，未来10年，中国将有3亿人成为中产阶层。他们对优质产品和优质服务的需求是非常大的，但中国的现状没有办法满足他们对优质产品和优质服务的需求。过去20年，中国一直致力于出口，而我认为接下来的10～20年，中国应该把注意力集中在进口方面。中国要学会进口，学会消费。中国应该去消费，去做全球买手。

同时，我认为美国的小企业、美国的品牌产品，也应该利用互联网进入中国市场。过去20年，美国的大公司已经遍布整个中国。对美国的小公司来说，利用好电子商务，将是巨大的机会。阿里巴巴已经帮助了很多美国农民将产品卖到中国，西雅图的车厘子就是一个例子。你不能想象，美国驻华大使跑来问我："马云，你们可以帮我们销售西雅图的车厘子吗？"那时车厘子还长在树上，我们就做了预售，24小时内，8万个中国家庭就将16万公斤车厘子一抢而空。摘下车厘子后，在24小时内运到中国。2014年，我们卖掉了30万公斤来自美国的车厘子。同样，我们也帮助美国销售阿拉斯加的海鲜。我们还帮助加拿大销售龙虾，所卖出的龙虾数量，是他们10年都不可能达到的国际销售量。许多美国的知名品牌也借助我们的平台推广了出去，像Costco超市入驻以后，第一个月就卖出了600吨坚果，销售额达到650万美元。既然我们能够帮助他们卖龙虾、卖车厘子，为什么不可以利用我们的系统来帮助更多的美国中小企业？我还想借用另一个数据来举例子，每年的11月11日，中国的光棍节，阿里巴巴都把它变成一个购物狂欢节。2014年的"双11"，我们的交易额高达97亿美元，第一分钟就有240万消费者涌入。

每天，阿里巴巴的平台上都有上亿"饥渴"的消费者来购物，中国消费者需要更多的美国产品，这也是我来美国的目的和原因。我们不是来竞争的，我们来这里，是希望将美国的中小企业带到中国。我们的愿景是"全球买，全球卖"，未来的10~20年，无论你身处何处，都可以买到任何地方的产品，也可以把自己的产品卖到世界各地。菲律宾人可以买到挪威的鲑鱼，挪威人可以将产品卖到阿根廷，阿根廷人可以买到中国的产

品，也可以将产品卖到中国。这是互联网未来变革的方向。变革的力量是
强大的，阿里巴巴为已经改变中国而感到骄傲。

"第三次世界大战"

第一次技术革命以后，世界上有了新的商业组织形式——工厂；第二次技术革命以后，世界上又有了新的商业组织形式——集团公司。在如今这个DT时代，我认为一个新的商业形式诞生了——平台。有人预言，21世纪上半叶将爆发第三次世界大战。如果不幸言中，在我看来，这所谓的第三次世界大战将与前两次不同。第一次世界大战是世界上两大敌对军事集团的争霸战争，第二次世界大战是世界范围内的反法西斯战争，这一次将不再是一场人类自相残杀的战争，而将是一场人类携手对抗疾病、贫困和气候变化的"战争"。我认为，这是人类的未来。所有国家、所有人，都应该联合起来共同面对人类的生存之战。

我们将可以依靠年轻一代，依靠计算机和大数据，而不是依靠武器来解决人类面临的问题。这是我所热衷的梦想，和钱无关。改变世界的不仅是技术，更是你相信自己可以改变世界的梦想。我们知道这条路漫长且不易。我以前说过，过去20年在中国做互联网生意很不容易。今天很困难，明天更困难，后天很美好。但是，如果不努力的话，绝大多数人会死在明天晚上。

编者注：

美国纽约时间2015年6月9日，迄今为止已有108年历史的纽约经济俱乐部迎来了一位中国商界领袖——阿里巴巴董事局主席马云。马云向近千位商界领袖发表了主题演讲。他提出，美国打篮球，帮助大企业；阿里则打乒乓球，帮助美国的中小企业实现"中国梦"。迥然不同于美国电商的阿里巴巴提出"全球买，全球卖"的愿景，和未来五年达到1万亿美元成交额的目标。继阿里巴巴IPO（首次公开募股）融资路演之后，阿里巴巴的"东进之旅"昭示着：阿里巴巴生于中国，却为世界而存在。

4. 1亿个就业机会，1000万家企业，20亿消费者

15年来，我最怕的事情就是把阿里巴巴这家公司发展得支离破碎。从传统的观点来讲，最好把所有人聚集在一个屋檐底下。你认识我，我认识你；你想干什么我知道，我想干什么你也知道。但是，阿里集团越来越大，光在北京地区就有15个事业部门。他们有自己的业务，有原来传统的阿里业务，如淘宝系、支付宝系、B2B系、阿里云，也有新的业务，如UC、高德、阿里影业、阿里健康。阿里很荣幸能有参股小的创新、创业公司的机会。

寻找技术革命时代的组织新模式

我们很快将在美国、欧洲、日本、澳大利亚、新加坡扩张，我们将会有越来越多的海外部门，但遗憾的是我们缺乏经验。怎么去运营，怎么去管理，我确实是一头雾水。所以，我想对在北京以及在杭州以外的全国乃至全世界所有办事处的阿里巴巴的员工说，真的对不起。由于组织管理跟

不上，大家觉得资源不够充分，得到的重视不够，觉得有一点孤军奋战的意味。我看到了很多同事写的各种各样的抱怨、委屈，我代表集团向大家说一声对不起。

不是给自己找理由，一家公司15年的发展这么快，超过了我们自己的想象。

北京的同事已经有8000人了，我们到底应该怎么办？我们如何建立一个强大的管理、运营系统，让大家能够得到足够的支持，使大家有归属感，有真正加入阿里生态系统的感觉？这些问题其实困扰我很久了。中国企业在管理全国办事处乃至全球办事处方面的经验都比较缺乏。我并不觉得应该像工厂一样去管理，也并不觉得应该像国有企业一样去管理，同时我认为，现在很多跨国企业的管理也不对。到底什么才是在这个时期我们适应未来发展需要的管理模式、组织模式、文化模式呢？

阿里发展得确实太快，员工越来越多。我认为3万多人已经足够了。有人告诉我，有些公司已经达到8万员工了。祝福他们，希望他们越做越好。

员工不是越多越好，自己的员工越多，为社会创造的就业机会就越少。之前，我说阿里在102年后关门的那一天，我们的员工数不能超过5万人，但现在我们自己参股的、投资的公司所有员工加起来，已经有3万多人，剩下的员工人数预算还有1.6万人。菜鸟要拿去5000人，海外已经拿去5000人，剩下来只有四五千人的预算。请问，我们怎么坚持后面的87年？

怎么算都觉得不对。于是，我们调整了一个策略，阿里巴巴整个生态系统的销售流水，在低于10万亿元人民币的时候，我们的员工不超过5万人。2014年的销售流水是2.4万亿元，未来我们要完成再增加7.6万亿元的目标。我希望我们海内外所有的5万名员工去实现这个理想。

　　将来至少有1000万人从事物流行业，为什么只给菜鸟5000人的预算？因为只有这么做，才有可能在物流行业为世界创造1000万个就业机会。自己的人员越多，给外面创造的机会就越少。我们应该给别人创造饭碗，这是我们企业要做的事情。2015年我们不会再增加一名新员工，虽然集团可能会有一些损失，收入可能会受到影响，业务和团队业绩也会受到影响，但我们要在这段时间把自己的团队整理好。

　　有些部门人太多，需要转移到新的部门；有些部门人太少，要从其他部门去协调。未来，阿里一定会有上万名员工分布在全世界各地，我们应该考虑如何建立一个良好的组织，以此来提升我们的效率，用技术、数据去创造未来。我们从今天就开始尝试。

　　北京的8000多名员工，业务比较分散，我们正在摸索、创造一种新的运营管理模式。我希望大家一起努力，在未来的3~5年内，摸索出一套很好的管理模式，不仅让我们自己愉快，也让未来加入阿里的人愉快。我们要快乐地工作，认真地生活。北京的同事总结出来的经验，有一天能使我们在纽约或巴格达的同事也从中得到支持，这才是我们希望去研究、去思考的问题。

　　另外，我提出一点，鉴于北京已经有8000多名员工，我们应该考虑如何把北京打造成杭州以外的第二个主场。为此，在北京地区，我们要有自己独立的业务、独立的管理模式。我们希望，也鼓励各个公司、部门和业务群有自己独特的文化。不管多么独特的文化，我们的目标都是一致的，我们的使命都是一致的，我们的心都是一致的。只有这样，我们这家公司才可能走得久，才不会涣散。

　　你要是问我，什么才是今天最佳的管理运营模式，能够解决我们那么多部门在北京协同发展的问题？我不知道答案，但我相信大家能找到答案。我相信，经过三年的努力，我们能够共同摸索出这个问题的答案。

帮助1000万家企业使用好七项服务

未来10年，阿里到底希望走到哪里？每一个员工应该做些什么？

其实这一年来，阿里有很多反思。2014年，阿里上市后，我们思考得更多。我们这家公司到底为什么而存在？我们凭什么还可以坚持走87年？这些问题必须思考清楚，我们才能走下去。上市后，全世界对我们的关注多了，股民们对我们的关注多了，分析师会不断研究我们的每一个动作、每一项业绩、每一个成绩。股价经常会因为我们的一言一行而波动。我们没有办法满足每一个分析师对我们的期望，但我们必须创造未来。如果我们像传统企业一样关注股价，投资者想要什么，我们就做什么，那这家公司永远会疲惫不堪。

2009年，阿里成立十周年的时候，我提出希望未来我们为全世界创造1亿个就业机会，为1000万家企业提供生存、成长和发展的平台，为全世界10亿消费者提供消费能力。今天，我们把10亿消费者改为20亿消费者。

很多人讲阿里今天投资这投资那，参股这参股那，似乎我们无处不在。事实上，的确是这样。记得在2005年、2006年的时候，我们曾经讲过"我们把淘宝从无做到了有，今后我们希望把阿里集团从有做到无"。这个"无"是"无处不在"的"无"。只有我们无处不在，我们的客户才能受益，我们的中小企业客户才能得到发展。为此，我们必须做到无处不在！

大家说看不透未来10年，看得透就奇怪了，10年以前，也没有人看懂过我们。我们要有自信，要有对自己的战略和使命的无限尊重，只有这样，我们才能走下去。

所以，我觉得，我们应该能够帮助1000万家企业使用好我们以下的七项服务：

第一，阿里系的电子商务服务；

第二，蚂蚁金融服务①；

第三，菜鸟物流服务②；

第四，大数据云计算③服务；

第五，广告服务；

第六，跨境贸易服务；

第七，其他互联网服务。

北京是我们前六个以外的互联网服务的主力部队所在地。记得UC刚跟我们合作的时候，他们问我，为什么阿里巴巴的战略里怎么找都没找到UC，也没找到高德，阿里影业不在里面，阿里健康也不在里面？我跟UC的人讲，是我故意不把你们放进去的。我们必须为10年以后，世界、中国需要各种各样基于数据的服务做好准备。这几年是我们唱戏，5年、10年

---

① 蚂蚁金融服务：蚂蚁金融服务集团成立于2014年10月16日，旗下拥有支付宝、支付宝钱包、余额宝、招财宝、蚂蚁小贷及网商银行等品牌。其寓意是虽然像蚂蚁一样渺小，但齐心协力会有力量惊人。

② 菜鸟物流服务：2013年5月28日，阿里巴巴集团、银泰集团联合复星集团、富春集团、顺丰集团、三通一达（申通、圆通、中通、韵达）以及相关金融机构，共同组建"菜鸟网络科技有限公司"。2016年3月14日完成首轮融资，融资额超百亿元，估值近500亿元人民币。

③ 云计算：是一种按使用量付费的模式，这种模式提供可用的、便捷的、按需的网络访问，进入可配置的计算资源共享池（资源包括网络、服务器、存储、应用软件、服务）。阿里云创立于2009年，是全球领先的云计算平台，服务覆盖200多个国家和地区。

以后，是靠UC、高德、健康、影业你们唱戏，所以我们是梯队作战体系。

第一，阿里坚持做平台，我们的电子商务服务是一个平台，我们自己不买，也不卖，我们自己更不送。但是，我们希望所有的客户因为我们的努力，买东西的价格更便宜，卖东西的效率更高，送东西的速度更快。这才是我们希望做的电子商务平台。

第二，我们知道，在整个互联网金融中，最重要的是数据，是信用体系。我们希望10年以后的中小企业，再也不会因为贷不到款而陷于困顿。我们这几年的努力，就是为了建立一个基于信用和大数据的互联网金融体系，为未来中国乃至全世界的中小企业服务。

第三，我们寄希望于菜鸟。有人讲北京的物流很快，我说北京快不算快，内蒙古、新疆、西藏、云南快才叫快。现在我们每天运送的是近3000万个包裹，但我们要解决的问题不是3000万个包裹，我们要解决的问题是10年以后，每天3亿个包裹，我们应该怎么送。我们如何做到在全中国任何地区上网购物，24小时内送达？如何做到在全世界绝大部分国家和地区，72小时内货运必达？这是我们要解决的问题。

第四，大数据和云计算。所有人都在思考一个问题，中国为什么缺乏创新？创新是要有基础设施的，未来的创新离不开数据。有了数据以后，创新、创意和创造才会层出不穷。

以使命感还世界一个承诺

我们这代人，可能是人类历史上最幸运的一代人。你可以讲雾霾，讲食品安全，这个不满意，那个不满意，这个沮丧，那个沮丧，但我们确实生活在一个最了不起的时代。

这次的技术革命，是IT、数据、互联网的革命，彻底解放了人的大脑。在这种技术革命的支撑下，50年以后，什么样的商业组织是最佳的？大家思考过这个问题没有？我相信，那不是一家简简单单的工厂，不是一家简简单单的公司，而是一种新的平台式的企业。这个平台式的企业承担了社会的责任，让这个世界的商业更加透明，更加开放，更加有担当，更加懂得分享的精神。人类经过了这20年的互联网发展，未来的30年便是我们真正的开始，我们将真正进入技术时代。互联网企业要想活得好、活得久、活得健康，就必须把互联网技术变成一种普惠的技术。我们要把我们的云计算、大数据、电商，把我们拥有的一切技术变为一种普惠的技术，让人类社会发生变化，让中国社会发生变化。只有这样干，我们这家公司才会有未来。这个世界上可以做这样的事情的企业并没有几家，在中国，如果不是我们阿里做，还有谁能做？

可以说我们很幸运，但也很不幸。不幸的是，我们需要加班；不幸的是，我们的总部在杭州，不在北京。不幸的事情很多，但足够幸运的是，这个时代让我们可以把握住这次机会。

在日本，有一个人跟我讲，我们公司请了某某公司创业时期的员工，很了不起。我告诉他，绝大部分创业公司初期的员工都是很差的。因为没有人相信这些公司，顶尖高手不可能加入初创公司。一般来说，初创公司会有一两个人是优秀的，绝大部分都是资质平平。所以，不要相信那些神话，优秀的人才不是招来的，是自己培养、训练出来的。任何一家公司的优秀人才，都是要起早贪黑，都是要早上天不亮就去上班，深更半夜才回来，都是要挤公共汽车，都是要挤地铁的。年轻人都是这么炼出来的。无论是在昨天的阿里、今天的阿里，还是在未来的阿里，我们都是要走这条路的。每个人都必须这么辛苦，因为我们的未来是辛苦打拼出来的，因为我们不是含着金钥匙出生的。我们的员工，没有人有资格含着金钥匙而来。即使是生在富豪家里，你也得辛苦打拼，更何况我们并不是。

我想告诉大家，在我们这家公司，工作一定是很辛苦的。绝大部分的老员工加入的时候，我跟他们讲过，我们从来不承诺你会升官发财，但我们承诺你一定会被冤枉，很委屈、很沮丧、很倒霉，你还可能拿不到足额的奖金和工资。

想一想你来这家公司应聘时的理想，以及那时候你对公司的承诺，这家公司要的不仅仅是承诺，还有对承诺的坚持。这家公司要做的不仅仅是对1999年说的"让天下没有难做的生意"这一使命的承诺，还有对坚持这一使命的承诺。

我不是今天才这么讲的，1999年我就开始这么讲了。2004年、2005年的时候，我们被市场质疑：这家公司到底在干什么？B2B好不容易刚赚点钱，又开始做淘宝，后来又搞支付宝；还没站稳脚跟，就去跟雅虎"勾搭"。几乎所有令人看不懂的事情我们都干过了。我记得那时候我和大家讲过，到了2012年，全世界将会看清楚阿里巴巴是一家什么样的公司。

2012年、2013年的时候，全世界开始觉得：哇，这是一家很奇怪的电子商务公司。尽管还是有无数的指责，但世界对我们有了信任，给了我们这么多钱。今天，我们似乎又无处不在，到处投资。我想跟大家讲，到了2019年——阿里巴巴成立二十周年的时候，世界将会看到一家完全不同的企业。我们不是为下一个季度战斗，我们不是为明年战斗，而是为了在2019年还世界一个承诺：阿里巴巴成立二十周年的时候，让大家看清楚这是一家什么样的公司。

同时，我希望在2024年，阿里巴巴真正打造出一个强大的、让天下没有难做的生意的生态系统。那一年我刚好60岁，我希望这能成为我60岁的生日礼物。让我们在2024年Show the world（展示给世界看）！

马云可以不在，阿里价值观永存

有人说，如果马云不在了，阿里怎么办？我告诉大家，马云一定会不在的，这只是时间问题。阿里已经经历了几代领导层的变化，从1999年到现在，16年的时间，我们经历了无数次的组织改造。中国找不到任何一家公司，在一年内换三个老板。我们称之为拥抱变化，有人称之为找借口。

未来的世界变化会越来越快，我们很难说我们不会变化，但我们一定会坚持我们的变化。所以，我们不仅要为每个干部找到接班人，我们还要为每家公司找到接任者。

现在阿里的领导层基本上是20世纪60年代出生的人，我是，蔡崇信也是。还有很多60年代出生的人，我们会一步一步地退到后面。我们希望负责集团运营的一线总裁们都是70年代出生的，主力部队是80年代和90年代出生的人。我们严格训练他们，让他们起早，让他们贪黑，让他们快乐，让他们成长，让他们有钱买得起房子、买得起车，让他们永远能够找到最好的女朋友和男朋友，这是我们希望的。

1999年、2000年，阿里巴巴在杭州刚创业的时候，员工根本找不到对象，不仅仅是因为他们太忙，人家一听见"阿里巴巴"这个名字，转身就跑。那么奇怪的名字，还做互联网，没听说过！大概在2001年、2002年的年会上，我跟大家承诺，我们会成为杭州最好的公司，我们会成为杭州老百姓愿意把自己的孩子、自己的老婆和老公送来的公司，我们会成为杭州纳税最多的企业，我们将会成为杭州的骄傲。

如果你这么想，你就一定会这么做。今天的你是你10年前的想法和行动造就的，10年后的你是你今天的想法和行动造就的。我们都一样，有情有义，在一起做一件有价值、有意义的事情。我们团结在一起，让别人去说吧，我们只为创造未来，我们不是等待未来，我们希望世界因为我们而有更好的未来。

让北京以阿里为骄傲

我的名字是我父亲给我取的，他希望我天天在空中飞，天天在奔跑。我前天从杭州飞沈阳，昨天在日本，现在刚回来，明天去上海开会，后天再回杭州，然后再继续跑。我认了。也许你也跟我一样，谁让你加入了这么一家公司，谁让你跟了这么一个人创业！既然你来了，你就该把它搞好；既然你认了这个命，你就该去努力。阿里只是把大家聚集在一起做一件事情，既然你身处其中，你就必须做到最好。

不管你明天在不在阿里，不管你以后加入哪家公司，都请带上我们的使命，带上我们的文化和价值观，带上我们"让天下没有难做的生意"的承诺，带上我们为1000万家中小企业的生存建立一个平台的宏远目标，带上1亿的就业机会和20亿的消费者……你可以投奔任何公司，我们绝不埋怨，我们为你鼓掌。

北京是我们所有竞争对手最集中的地方，我们今天恭喜竞争对手。乌龟和兔子赛跑，兔子也许会打一个盹，但兔子不会永远睡在那儿。我们希

望20年后，北京的空气也能像今天的洛杉矶、纽约、东京一样，它们当年也污染过。这不仅仅需要环保部门的努力，还需要我们用更多的智慧，用各种各样的方法，用计算机、用数据、用电子商务去创造更好的商业模式和经济模式。只有在北京深深扎根，得到当地老百姓、用户和政府的全力支持，我们才能对中国有所影响，才能参与中国经济的发展。只有这样，我们这辈子才不会白活。

编者注：

2015年4月23日，阿里巴巴集团在北京国家体育馆举行在京员工大会，分布在全球各地的高管团队悉数到京。马云在大会上宣布更新阿里集团自2009年设立的目标，将其中的"服务10亿消费者"改成"服务20亿消费者"。经过近几年的收购布局，马云透露阿里正在整合未来的"七大业务板块"：阿里系的电子商务服务、蚂蚁金融服务、菜鸟物流服务、大数据云计算服务、广告服务、跨境贸易服务、互联网服务。在未来的发展目标中，北京团队将起到重要作用。

5. 没有KPI①考核，理想就变成空想

　　我始终认为，公司的第一大产品是员工。员工强大了，我们的产品自然会强大，服务才能更好，客户才能满意。我们希望阿里巴巴是一家在中国土地上诞生的，对世界经济发展、对人类社会进步有贡献的公司。所以，我们希望我们招聘进来的员工，都带着这个使命，都心怀这个理想。

　　我们这家公司在未来的85年里，依然会按照这样的路线往前走：强大的理想主义与现实主义的结合，形成了我们对未来的思考、对世界的思考。我们这家公司是受使命感驱动的，我在这家公司，就要坚持这家公司的使命，也就是"让天下没有难做的生意"。

　　我们这家公司走的路线也很独特。在湖畔花园草创的时候，我们提出过一句话，叫作"东方的智慧、西方的运作、全世界的大市场"。阿里巴巴诞生在中国，但阿里巴巴不是一家中国公司，当然也不是美国的公司。人家问阿里巴巴是哪个国家的公司，我回答，我们的股东来自世界各地。我跟大家讲，阿里巴巴虽然诞生在中国，但它是全球化的公司。

　　阿里巴巴的KPI考核是很令人讨厌的。每个人都恨KPI，但如果没有

---

　　① KPI：Key Performance Indicators，关键绩效指标，是衡量管理工作成效最重要的指标。

KPI、没有结果导向、没有效率意识、没有组织意识、没有管理意识，那么所有的理想都是空话，我们就会变成一个胡说八道的梦想者。每个人都愿意停留在理想中，但没有约束就是空想。天下没有完美的组织。为什么？很简单，想要走得快，那就一个人走；想要走得远，那就一群人一起走。要一群人一起走，就一定要有组织。

以前挖我们员工的公司很多，那时候我们还在杭州的华星大厦。曾经有公司开出条件，只要阿里的人能去，给四倍工资。结果我们的员工，一个去的也没有。我们喜欢的人，是提建设性意见、有行动力的人。我们讨厌那些天天抱怨的人，我们不喜欢这些人。无论是在内网还是外网，我们最讨厌那些天天说公司不好却还留在公司里的人。就像老公说老婆不好，老婆说老公不好，又不愿意离婚。门是打开的，我们愿意听建议、批评，但是要有行动。阿里巴巴的门应该永远打开，很容易出去，但是很难进来。这就是我们公司与众不同之处。大家记住：容易出去，很难进来。如果容易进来，很难出去，那是监狱。

只有团结一致才能度过难关，而不是碰上灾难、麻烦的时候，大家都互相说别人的错误。前几年，大家争论了很久，有些东西，我们就是跟其他公司不一样：我反对员工坐班车上下班。为什么？不是买不起。员工如果没有车，去挤地铁、去挤公交车、去骑自行车，保证上班不迟到。我告诉大家，一旦有了班车，迟到的人就会更多，放下工作到时间就走的人会更多。我们不是在乎加班，我们在乎的是你是否重视你的工作。如果你重视、热爱你的工作，那你就会早起。

记住，利益一定是靠自己的努力换来的，没有谁的奖金、没有谁的收入是别人给的，必须凭自己的努力去挣。业绩、市场是打下来的，没有人会平白无故地给你们。成绩也是靠努力赢来的。我们为努力鼓掌，为结果付报酬。有结果，We pay（我们付报酬）；如果你很努力，没有结果，我们鼓鼓掌，也很好。

编者注：

　　"百年阿里"简称"百阿"，始于阿里巴巴创业初期，是阿里新员工入职培训，也是新人进入阿里的第一课。2016年3月9日，阿里巴巴西溪园区报告厅内，800余名入职一年以内的新员工参加了一堂名为"百阿必修课"的公开大课，另有1500余名新员工通过内网学习平台在线听课。本文根据马云在"百阿"上的演讲整理而成。

马云

未来已来

第三章

马云的互联网
世界观

1. 机会就在被抱怨的地方

12岁的时候，我开始自学英语，初衷已记不起，只是单纯地爱上英语。那时候，每天早晨5点钟，我骑40分钟自行车去杭州的酒店找外国游客。他们教我英语，我以带他们游览城市作为交换。主动学习英语的念头让我意识到思考的重要性：当所有人都说对的时候，等几分钟；当所有人都说不的时候，也等几分钟。从不同的视角看待世界，你会得到不同的反馈。

1995年离开大学的时候，我告诉校长，我要做个互联网领域的创业者。他问我什么是互联网？我说我也不知道。我们讨论了两个小时后，他说：Jack，我知道你想有一番作为，但我不懂你做的事情。不过，如果十年后你想回来，那就回来。我说好。老师永远相信未来，相信知识会改变人的生活，相信并希望学生比自己更优秀。在我们的公司里，CEO代表"首席教育官"，我负责教育，他们负责行动。

我创业的时候，小企业为了生存举步维艰。我花了5个月的时间才借到500美元，然而公司还是倒闭了。我去注册第一家公司时，想给公司取名叫"互联网"。注册办公室的人告诉我：不行，字典里没有这个词。他建议我使用"计算机咨询公司"这个名称。所以，我的第一家公司就叫作"杭州希望计算机咨询公司"。其实，我当时对科技和计算机一无所知。

过去的15年，我常常把自己比喻成一个骑在老虎背上的盲人。我告诉我的团队：必须证明我们不是偶然成功的个例。政府和银行不曾给予我们任何帮助，我们是从零开始的。这是我想和年轻人分享的我们这代人的勇气以及互联网的力量。

另一件我笃信的事情是：小就是美。如同跨国公司被华尔街照顾一样，小企业也应该被支持。我希望帮助它们。

我意识到世界上有那么多事情我可以做，有那么多事情我可以做得更好，有那么多事情我们可以一起来做。我代表的不仅仅是自己，更代表那些和我一起工作的小人物、小企业。

如今的世界，无处不充满着抱怨。微软、IBM、思科分据市场时，20多岁的我也抱怨过它们巨大的市场占有率。现在，我不再埋怨，因为我们也长成了巨人。

我要说的是：大部分人都在抱怨的地方，也是机会所在的地方。这是我笃信的一点。

小就是美，小就是力量。阿里巴巴成功的秘密就是：梦想还是要有的，万一有一天实现了呢？

编者注：

美国纽约时间2014年10月16日晚，亚洲协会在纽约联合国总部揭晓了首届"创变者"获奖名单并举办颁奖典礼，13个为促进亚洲地区发展做出杰出创新和贡献的个人或团队获此殊荣。马云作为唯一的中国企业家代表，位列首届"创变者"名单榜首。

2. 企业家要思考十年之后的事

企业越大人越累，位子越高人越寂寞。因为这是一份责任，这份责任让我们能够有机会在这个时代里做一点有意义的事情。

市场不相信掌声，只相信结果

做企业，不容易；在中国做企业，更加不容易。如果把在美国做企业比作100米赛跑，那么在中国做企业就是越野赛。我们面临着很多障碍，但这些障碍同样也是机会。一个优秀的企业家一定是善于倾听，并且仍然能够拥有自己想法的人。企业家和经济学家之间的差异就在这儿：经济学家讲完了，这件事情就结束了；企业家讲完了，事情才刚刚开始。所以，企业家要做的是知行合一。知很容易，行也很容易，但是要合在一起，非常难。因为企业家必须懂知识、懂科学，在遵照规律的同时，还要能探索和发现新的规律。所以我认为，企业家是社会发展过程中的科学家、艺术家。作为企业家，我深以为傲。

我们今天真正面临的困难绝不是经济学家预测的障碍。我对经济学家很尊敬，但我认为，我们企业家判断未来，不能只听经济学家的。春江水暖鸭先知，企业家最能够感受到时代的变化、经济的变化。当所有企业家等着听经济学家预测未来的时候，说明我们的企业家已经失去了自信。经济学家是基于对昨天的总结，分析数据以后找出商业模式，然后去预判未来。但是，企业家的直觉，企业家对未来市场的判断，对机遇的把握更加重要。我们要知道：这是一个变革的时代。

创新是教不出来的，玩却能生出"新常态"

我们经常讲美国、欧洲的创新能力比我们强，中国的创新能力有限。归根到底，这是教育的问题。其实我觉得，中国的教是没有问题的，但育是有问题的。育是培养文化、培养情商。我毕业于杭师大，如果毕业于北大、清华，可能现在每天都在做研究。文化是玩出来的。如果在"新常态"下重新思考我们的文化，你会看到，很多画家是玩出来的，很多运动员是玩出来的，很多作品也是玩出来的。所以，我们企业家也要学会玩。

我自己所认为的"新常态"，是新经济下的"新常态"。很多人都在责怪我，认为马云搞乱了传统商业，你怎么不质问自己十年前为什么看不到这个趋势？新经济冲击的不是技术，技术是可以买到、找到的。问题是你敢不敢用、敢不敢接受新的观点。抵抗没有用，只有适应和融合。以前我们做企业是以自己为中心，未来的新经济下是以别人为中心，以客户为中心，以员工为中心。要让员工比你强大，因为员工是未来创新的源泉。

几年前，我在台湾参加一次论坛，讨论创新。吴小莉说，台湾很多七八十岁的企业家仍然在讨论创新。我认为台湾没希望了。难道七八十岁的人还认为他们比年轻人厉害？机会要给年轻人，给员工，给你的客户。

关于互联网经济的思考就是围绕着几个点：以他人为中心，开放、透明、分享、责任。这是最主要的精神。以前我们的经济不可能分享——我掌握的信息你不能掌握，这样我才能赚钱。而今后的趋势是只有懂得分享，你才可能成功。

企业家立足今天，也当思考十年之后的事

目前，互联网经济对世界的冲击相对来说算是小的。200年前，工业革命带来了蒸汽机、火车，甚至带来了第一次世界大战、第二次世界大战；而互联网只是让你改变自己的意识，重新思考未来。企业的兴亡是常态，经济不可能永远保持最好的势头，而优秀的企业一定是在坏形势下建立成长起来的。"新常态"下，所谓的挫折和困境，就是你最大的机会。

做企业，更关键的一点是：一定要思考10年以后的事情。今天开始做，明天就会赢的事情已经不多了。只有从实际出发，对未来进行预测，我们才有机会。就我自己来说，通常我会预判三五年之后政府会做的事情，然后立刻开始行动并不断修正；三五年后，当政府开始号召大家一起行动的时候，我会选择退出。所以，要有战略，战略是基于对未来的判断，战略从愿景来，愿景从使命来。所以，使命、愿景、战略、组织、文化、人才这一整套体系的建设都要完善和强大，你才有可能做好。

要走得久，还需要有组织。要建立强大的组织，建立一种组织文化，因为只有强大的组织和文化才能吸引优秀的人才。文化强，则企业强。文化的本质，是要让你的产品有品质。什么叫品质？就是要有品位、有质

地，有品质的公司才能生产出有品质的产品和提供有品质的服务。而有品质的公司，一定是有品质的员工造就的。不要舍不得在员工身上花钱，而把钱仅仅花在流水线上。要明白，谁都愿意把钱贷给你买设备，但没有一家银行愿意贷款给你培养员工，而这正是企业经营的艺术，是企业成功的秘诀。

未来的机遇应该是越来越多的。要对企业的文化、组织进行提升，要进行全球化思考，因为互联网会加速全球化。今天的市场资源配置是全球化的资源配置。未来10年，中国或许将有5亿人成为中产阶层。所以，我们应该注重以质竞争，而不是以量取胜。我自己不懂技术、财务和管理，但我相信懂技术、财务和管理的年轻人，而他们就是未来。

人定胜天，天是有规律的，"天"可能是天灾人祸，但"定"是"镇定"的"定"，而不是"一定"的"定"。在任何经济状况下，考验的都是你的能力，而你的能力体现在你的员工的能力、你的组织的能力、你的企业文化的能力和你对未来预判的能力上。今天是我们可以展示企业家对未来的判断的机会，是我们能够展示自己能力的时刻。今天，我们更能展示的是：企业家是这个社会发展过程中最重要的脊梁，只有企业家强大，中国的企业才能强大，中国才能强大；只有企业家昌盛，整个中国市场才能昌盛——我深以为傲！

编者注：

北京浙江企业商会第五届会员代表大会于2014年12月6日在京召开，来自全国各地的浙商代表与关心支持浙商发展的社会各界人士600余人共聚一堂。马云受聘成为北京浙江企业商会名誉会长，并在大会上发表演讲，谈论了自己对于浙商未来发展的思考和判断，以及对于未来互联网趋势和商业趋势的判断。

3. 创新应当成为企业家的事业

很多经济学家讲，在短期内，中国经济有下滑的压力。而我个人认为，中国经济下滑的压力是长期的，是持久的。我们不可能回到9%、12%的时候，我们要学习适应5%、6%的状态，甚至在未来20年里，我们能保持2%~4%的增长，就已经很了不起了，因为我们已经是世界第二大经济体。2015年其实很不简单，很多事情我这辈子没打算看见，但是在这一年里都发生了。我们企业家要把握住那些可能超越我们的期望和预判的东西。

商场如战场，活着就是赢了

过去的一年（2015年）是企业家度过的非常艰难的一年。商场如战场，战场上，活着的人就是成功的；商场上，企业也一样。企业到了年底还能站在那儿，还能给员工发奖金、工资，那就是成功了。做企业的第一要素，就是像战士一样活着，战士上战场的第一要素，有时候不是为了赢，而是为了活着。

2015年的最后一天，我们都没有倒下，这是非常值得庆贺的！

　　每年年底，我们都把未来的一年想得很艰难，想到自己的公司可能会有很多不可预期的困难出现。看清楚未来的灾难，仍然为之，这才是真正的乐观。未来的3～5年里，中国的经济形势仍然不会很乐观，但未来的5～15年里，中国的经济还是充满了希望。经济形势好的时候，能赚钱的企业家不能称为真正的企业家。股市是牛市的时候，街上买菜的老太太都能赚钱，你不能把她称为投资者，只能称为炒股者。只有经济形势不好的时候，企业仍然能够赚钱，这才是成功的企业家。危急关头，能熬过去的企业才有"抗体"。

企业家是社会发展过程中的探险家

　　中国正在经历着巨大的变革，转型也好，升级也好，创新也好。我们所拥有的机会，可能在人类社会的任何一个时代都是极其罕见的。中国是世界第二大经济体，但企业的质量、数量、规模、品质跟第一大经济体美国比，跟欧洲比，跟日本比，差距还非常大。但是，中国未来一定会诞生很多世界级的企业。

　　一个优秀的企业家，要理解这个时代，要读懂这个国家。企业家只有真正了解自己有什么、要什么、应该放弃什么，企业才会走得久。现在这个时代，也是一个真正的商业变革的时代。商业变革，有的人把它看作机会，有的人把它当作灾难。其实，机会在没有形成的时候，才是真正的机会，一旦机会形成，往往就是灾难的开始。企业家的职责是创新，创新的主角是企业家。企业家是社会发展过程中的探险家，企业家是稀缺资源，我们可以培养职业经理人，但是不可能培养企业家。

中国最怕的就是首"Fu"

创新是要付出巨大代价的，创新是有时间限制的。创新的时间有限，如果你在乎许多外界的东西，就会失去人生中最宝贵的那一刻。到了65岁，你就只能在自己家里享受一些儿孙满堂的乐趣了。

创新也是有巨大风险的。传统银行机构在风险处理方面比我们互联网企业做得好。传统金融做风险管理是把防弹衣做得越来越厚，越来越好，而我们的创新是让杀手根本不可能靠拢你。是把防弹衣做得更强，还是让杀手没有出现在这个领域的可能？这是值得我们创新和反思的地方。

中国最怕的就是首"Fu"，有好几种"Fu"。一种是富有的"富"，在中国当"首富"是个灾难；还有负责任的"负"，或者是负债最多的"负"。我希望当"首福"，福气最好的人，有安稳结局的人。可是，企业做得大的人，有多少能有好结局？所以，我们要为自己的企业、自己的员工、自己的后代找到安稳、平稳的福气！

真正的企业家是不埋怨的，成功的人永远在检查自己的问题。实体经济也好，虚拟经济也好，其实都是成长中的婴幼儿。两个孩子打架，都说对方不好。中国有过剩能力吗？没有，是落后经济的能力过剩。制造业下滑了吗？总体来说，制造业也没有下滑。中国的零售业做得不好吗？总体来说，零售业做得也不错。只是你做得不好，所以今天互联网把你淘汰了，那是天经地义的。实际上，互联网企业的死亡率比传统企业低不到哪里去，甚至更为残酷。

浙商的眼光体现在学习和反省的能力上

都说哪里有商机，哪里就有浙商。世界上任何一个角落，有可口可乐的地方，就一定有浙商。今后，浙商不仅要善于发现需求，还要创造需求；不仅要善于追赶需求，还要引领需求；不仅要找到外在的需求，还要发掘内在的需求。所以，对浙商来说，未来最大的机会在于整个国家消费品质的提升和浙商这支队伍素质的提升。规模、速度并不能决定企业有多成功，决定企业成功与否的，不是规模多大、速度多快，而是产品有多好，是否有良好的消费者体验。

良好的消费者体验需要企业家具有工匠精神。经济增长速度放缓有什么不好？其实，品质好坏在于是否慢工出细活，而不在于速度快慢。要懂得建立机制，要懂得用最好的人、最好的管理方式、最好的技术来提升创造最好的产品的能力。这就是工匠精神的体现。

在我看来，互联网对大家的冲击是远远超过我们的想象的，将来的挑战会越来越大。组织的变革、人才的变革、文化的变革、技术的变革，才刚刚开始。

编者注：

上海市浙江商会年会暨"聚焦十三五·中国民营经济创新发展"高峰论坛于2015年12月30日举行。马云在年会上表示，浙商未来最大的机会在于整个国家消费品质的提升，企业家要适应中国经济增速放缓的"新常态"，企业经历的"灾难"同时也是机遇，在危急关头，能熬过去的企业才有"抗体"。

4. "鼠标+水泥"的公司才能活下来

　　无论你是否喜欢，你都得承认，在过去的20年里，互联网为世界做出了伟大的贡献，对人类社会产生了巨大的影响。过去的20年里，互联网行业非常成功。但是，我发现了一个非常奇怪的现象：很少有一家互联网公司能够健康、平静地撑过3年。这意味着，大部分互联网公司只有"蜜日""蜜周"，没有"蜜月"。甚至连谷歌、facebook、亚马逊、eBay和阿里巴巴也是如此，我们所有人天天都在担心，天天都在心烦意乱。

　　我们深知，如果一个行业所有的公司的寿命都不超过3年，那么这个行业永远无法成为主流。因此，我们都迫切地想找到一个解决方案，让我们的公司能够像奔驰、西门子一样，活得长久而健康。我们如何才能找到这个解决方案呢？

　　今天的科技发展得非常迅速，世界正在快速地改变。IT科技和数字科技，这两者不仅仅是不同的技术，还代表了人们不同的思考方式和对待这个世界的不同方式。我们不知道世界在30年后会变成什么样，我们不知道数据在30年后会长成什么样，但我们相信，整个世界在30年后将会发生巨大的改变。如果说第一次技术革命和第二次技术革命释放了人类的体力，那么这次技术革命则大大释放了人类的脑力。未来的世界，将不再仅仅由石油驱动，数据驱动将会扮演更加重要的角色。未来的世界，生意将更多的是C2B模式而不是B2C模式，用户将改变企业，将不再只有企业向用户出售这一种模式，因为我们拥有了大量的数据。

制造商们也必须个性化，否则他们的生存将非常困难。未来制造商们生产的机器，不仅要会生产，还要会"说话"，会"思考"。机器不再仅仅由石油和电力驱动，还要靠数据来支撑。未来的企业将不再仅仅关注于规模，关注于标准化，它们会更多地关注于灵活性、敏捷性、个性化。因此，我强烈相信：在未来的世界，我们会有很多女性领袖——因为未来，人们将不只关注肌肉的力量，还会更加重视智慧、关怀和责任。

我认为，互联网必须找到缺失的那个部分，那个缺失的部分就是鼠标和水泥携手合作，找到一个让互联网经济和实体经济能够结合的方法。只有当鼠标和水泥结合时，互联网公司才能活下来，才能开心地活30年，甚至更久。只有这个结合实现了，才能被称作Data Economy——不是数字经济，而是数据经济。所有的东西都会被它改变，我相信这个世界将会因此变得更加美丽，同时也更加富有挑战性。到时候会有一种东西在机器中流动，那就是数据。

我们身处一个创新、注重发明和创意的伟大时代，我相信每个人都在非常努力地工作，实现他们的梦想。今天，我们看到了真实世界的工人、卡车司机和游戏玩家……这些人在过去是不可能利用科技实现他们的梦想的。但今天，数据让一切成真。我强烈地相信：不是科技改变了世界，而是科技背后的梦想改变了世界。拿我来说，我没有被训练成一个科技专家，我对电脑一无所知，我对互联网了解得也不多，但我有一个强大的梦想：我要帮助中小企业。我相信是梦想在驱动这个世界，而不仅仅是科技。

编者注：

2015年3月15日，以"数字经济"为主题的德国汉诺威消费电子、信息及通信博览会（CeBIT）开幕。这是全球IT行业领军企业的展会。本届汉诺威IT展共吸引来自70个国家和地区的约3300家展商参展，中国首次作为本届IT展的伙伴国，向世界展示了"中国创造"的最新水平，参展企业超过760家。马云作为受邀的企业家代表发表了开幕演讲，并亲自演示了蚂蚁金服的Smile to Pay扫脸技术。

5. 大数据要赋予技术以灵魂

人们一直认为阿里巴巴的技术是中国互联网企业中最差的，百度李彦宏懂技术，腾讯马化腾学技术，只有马云什么都不学，认为马云很差。其实，正因为我不懂技术，我们公司的技术才最好。因为我不懂技术，所以我才很尊重技术，我就没法和技术人员吵架。如果我很懂技术，技术人员就会很悲哀，我会三天两头地告诉他们应该这样、应该那样。因为我不懂，我才会好奇、敬仰地看着他们说和做。

阿里巴巴的云计算在全世界发展得非常好，一个重要的原因是我不懂。这不是笑话，王坚是知道的。六年前，阿里决定未来的发展方向的时候，我们认为大数据是未来的方向，云计算是未来的方向。但到底怎么搞？技术人员说要发展5K技术等，讲了很多名词，我都没听懂。我觉得，计算机比人厉害的地方就是它的"智商"比人高，以前人们需要记忆很多东西，今天可以由计算机取代人来完成。有了大数据之后，计算机的"情商"也有可能比人高。如果有一天，当计算机的"情商"和"智商"都比人高的时候，那就是非常巨大的变革，而这一定是未来的趋势！所以不管怎样，我们一定要做下去。

后来腾讯、百度没有坚持下去，一个重要的原因是它们的领导知道这个技术很难，因为畏难而没有做下去。而我是真不知道这个东西有这么难，所以只是说了一句"不管怎么样，一定得坚持下去"的话。网上有很多人，包括我们公司内部也有一大部分人批评说，马云被王坚忽悠了，5000台计算机合在一起，这个云计算是根本不可能实现的。其实，我根本没听懂。但是我认为，如果这个技术能解决社会的问题，那就应该做下去。我不懂技术，但是我希望阿里巴巴为技术增加生命力，为数据注入灵魂。

我见过太多技术人员坐在研究室里，最后一点用也没有。多少技术死在实验室里，活出来的才是好技术。创造社会价值，让无数人受益才是好技术，对不对？现在，有几千万家小企业在用阿里巴巴的服务，有几亿消费者在用，我们的平台一分钟内能够承受1700万人同时访问，这就是好技术。

让技术富有生命力，让数据带有灵魂，让数据为社会的发展注入正能量——这就是我们朴素、简单的初衷。所以，我们想也没想，一路投资，最后我们成功突围。正因为我不懂技术，所以才特别尊重技术、敬畏技术。

阿里巴巴为什么能活着

我那时候学外语，最大的梦想是早上醒来在巴黎，中午在伦敦，晚上在布宜诺斯艾利斯泡酒吧。这次我跑了很多国家和地区，七天走了三个国家、六个城市，到了洛杉矶、纽约、华盛顿、巴黎、罗马，然后再回来。我现在才知道，这不是我要的生活，时差颠倒，吃得不习惯，语言也在不断转换，这是非常辛苦的生活。但是，一路上我学到了很多，也想到了很多，了解到很多东西。

阿里巴巴是一家很幸运的公司，因为这么多年来，创业的互联网公司经历了很多大起大落，但我们一直走到了今天。这15年来，我们没有放弃自己的使命。

我们刚开始做电子商务的时候很难，那时候大家都认为在中国做电子商务不靠谱。现在电子商务很热了，我们并不是今天一下子就成功的，这是我们15年来坚持每一天、每一个月，挡住各种诱惑的结果。大家知道，那时候短信最赚钱，后来游戏最赚钱，各种商业模式都出来了。我们有没有眼红过？当然有过。其实压力不可怕，可怕的是诱惑。

我们看着人家挣那么多钱，但我们不行，心里不忌妒吗？当然忌妒！就在两年前，我们一年的收入还不如腾讯一个季度的收入，我们当然忌妒。好不容易今天终于要赶上了，人家又来了个微信。

但阿里巴巴为什么能活着？其实，阿里巴巴这家公司有一个很重要的出发点，就是我们一直在思考，是为了今天活着，还是为了未来活着？阿里巴巴在十多年的发展中，有些东西并没有发生很大的变化，那就是我们一直问自己这样的问题：十年以后，中国会发生什么？世界会发生什么？会发生什么问题，会有什么灾难，我们可以做些什么？因为今天做明天就会成功的事情一定轮不到我们，今年做明年就会发财的事情也肯定轮不到我们。我们只能做今年做十年以后可能成功的事情。从这一点出发，今天开始准备，然后努力十年。十年以后，如果这件事情真的发生了，那么你的机会就来了。所以，分析、预判未来是阿里巴巴这家公司和我们这些人要做的事情。

我是1995年从大学辞职出来创业的。创业非常艰难，起起落落，经历无数次失败。我终于明白，小企业想要发展确实太难，直到今天，在全世界做小企业仍然是非常艰难的。国有企业有国家扶持，外资企业有洋人背书，只有小企业没人支持。唯一的办法就是用高科技、用技术的力量去帮助小企业。所以，我们做电子商务，只专注于小企业，不去做大企业。

做务实的理想主义者

2001年、2002年，我们招不到人。我们在街上招人，只要来报名的，我们都要。我们现在大概有2.5万名员工，从阿里巴巴成立以来，加入过阿里的大概有6万人，也就是说，有4万多员工在这15年里离开了我们。你去问问他们，离开阿里有多纠结。为什么离开阿里的人都那么纠结？因为我们不像一家普通的商业公司，我们特别理想主义。我们在用我们的使命感、用我们的价值观感染每一个人。

阿里巴巴创办的前四五年里，每次有新员工进来，我一定会花两个小时跟大家交流。我跟大家讲得很清楚：我一定不承诺你们会有钱，不承诺你们会当经理，不承诺你们会买到房子和汽车，但你们的眼泪、委屈、冤枉、倒霉，我们公司一个都不会少，都会给你们。

你既要活着，还要为理想奔命，确实比较辛苦。但是我相信，一个真正的理想主义者是务实的。回望过去的15年，我觉得我们公司最主要的财富就是有一批有理想主义情怀的员工。阿里巴巴的第一个产品是我们的员工，其次才是我们的软件、技术，再次才是淘宝网。所以，只有我们的员工变化了、成长了，我们的客户、产品才会发生变化。这一点是我们坚持的。

今天，最让我们骄傲的事情是，我们真正影响了阿里巴巴人的思想、价值观和生活方式。现在大家依然喜欢加入IBM和微软。从工作条件来讲，淘宝、阿里巴巴绝对不比他们差，但我就是坚决反对公司内部有班车接送员工上下班。很多人说我住得很远，路上来回两个小时甚至三个小时，最好有班车。我说你什么都可以有，就是不能有班车。为什么？因为我看到所有国有企业都有班车，它们后来都关门了。我记得当年我在夜校兼职当老师的时候，骑自行车经过一家工厂门口，发现很多人排队等在那里。五点钟铃声一响，班车来了，大家全回家去了。

习惯于这样被安排好人生的人，不可能会成功。

以前员工到杭州来工作，我们不安排宿舍。我说如果你连房子都找不到，我不相信你会是个人才，请你自己找房子去，你必须得跟人打交道！我们不需要走路看书撞电线杆的人，我们需要的是会生活的人。

我们公司倡导的是认真生活、快乐工作。只有认真对待生活，生活才会认真对待你。工作只是生活的一部分，工作不是你的全部，如果工作压力很大，不开心，那你是不可能有创新的。

阿里的乐趣在于推动社会进步

最近有人说，你们一会儿搞医药借壳，一会儿又要做文化产业，你们到底想做什么？其实，我们想得很清楚。我们一直在考虑10年以后中国社会会浮现的两类问题：一是健康问题，二是文化问题。

我们要考虑的问题就是如何提早布局，让大数据有助于医疗服务。大数据会让实体医院的增长减缓，让医疗水平越来越高，让药品质量越来越好，让药价越来越便宜。

今天中国的经济增长快速，但文化教育发展缓慢，这两条线不平衡。人们的口袋实了，脑袋却空了，脑袋空的民族是没有希望的，对文化教育的投入必须加大。如果不发展我们自己的文化，老百姓的文化素质就无法提高。看看美国是怎么发展的，白宫的战略、五角大楼的军事实力、华尔街的钱、硅谷的技术、好莱坞的价值观，是综合而全面的发展。我觉得这不是谁的责任，而是每一个人的责任。我们每一个人都应该用好知识和技能，一点一滴地去努力。

以前我们请不起北大、清华的学生，他们也不会来我们公司。所以，我以前的策略是找非顶尖学校里的一流学生。这些学生很勤奋、很努力，虽然读书不怎么样，但是能把架子放下来。所以，大家一定要记住，阿里巴巴不是一家普通的商业公司，我们认为互联网不应该仅仅是用来赚钱的，它还应该推动社会的进步，改变社会、影响社会。这是我们这家公司所做的。

因为有我们，银行的日子不好过了。他们挣了太多钱，但没有提供让客户满意的服务，现在得认认真真地改变，改变自己的服务态度，真正以客户为重。我们用互联网技术把无数家小企业团结起来，把消费者的力量团结起来。我们的乐趣不在于挣了多少钱，而在于因为有我们，社会发生了很大的变化。因为有我们，推动了改革和社会的进步。只有把整个社会的正能量团结起来，才能走向未来。这是我们最大的乐趣。

昨天的长就是今天的短

当你有100万的时候，你是最幸福的。当你有1000万的时候，麻烦就来了，是存在建设银行还是农业银行？当你有1个亿、10个亿的时候，这钱就不是你的了，是别人相信你，把钱交给你，因为社会相信你会让这笔钱的使用效率更高。我从来没想过阿里巴巴的钱是我的，我们不应该这么去想。这些钱就是社会的，只是同事、客户相信你管得好，交给你来运营而已。

互联网时代给了我们平等的机会，美国有了不起的公司，中国也可以有。为什么中国的电子商务比美国发展得快？eBay很厉害，亚马逊我们也相当佩服，这哥儿俩加起来却没有淘宝大。不是我们有多厉害，是中国的市场大，是中国原来的商业基础太差。

美国的商业环境非常好，沃尔玛的超市几乎遍布三、四线城市，所以电子商务很难插进去，只是零售业的补充。中国的超市、商场不太好，所以给电子商务带来了发展空间。有时候，昨天的长就是今天的短。今天，大家终于站在同一起跑线上，所以我们希望在大数据时代能够超越美国。

我们都是很幸运的一代人，早生20年没多大机会，晚生20年也没多大机会。其实，你如果真看透了，机会每天都有。我觉得，如果要创业，有无数机会。如果能有一批志同道合的人在一起，抓住一个时代的机遇，抓住一个国家的机遇，真正参与到一个时代的社会变革中，那将会是一生的幸运。

我在华盛顿时，跟格林斯潘交流，他88岁了。他听我讲余额宝，说他学会很多，他不知道还有这个玩法。美国的利率市场化，本来就没这个空间。这说明什么问题？今天，很多年轻人抱怨这不对、那不对，有抱怨的地方就有发展的机会，与其抱怨，不如行动起来改变它。你一个人干不了，把比你更懂的人请来和你一起干，或者跟着那个比你懂的人干也行，这也是机会。而不是每天混日子，每天感叹自己的技能无用武之地。

所以，我想说的是，阿里巴巴就是以这样的思考方式坚持了15年的企业。我们依然希望以这样的思考方式支撑未来的几十年、上百年。其中每一个阶段，我们都希望有优秀的年轻人加入进来，我们的员工可能依然是进来6万多人，最后剩下2.5万人。

相对而言，我们比较幸运，坚持的人都活得不错。

编者注：

2014年3月18日，以云计算和大数据为主题的阿里巴巴技术论坛在北京大学百年讲堂举行。面对上千学生，马云畅谈了自己的创业理念。

6. 要在阳光灿烂的日子修屋顶，
年轻力壮的时候生孩子

总有一天，你的企业会变大；总有一天，你的企业会变复杂；总有一天，你的企业会有很多包袱；总有一天，你的企业需要改变和转型。到今天为止，阿里巴巴走过了17年。这17年，我们度日如年，现在越来越难做，越来越难走。企业发展到了一定规模，一定会有这些麻烦。请大家记住这一点。

没有规模性盈利和持久性盈利，那不叫模式

我们做企业，有三个要素很重要，第一个是经营模式，第二个是产品，第三个是管理。这三样东西，哪一样更为重要？我当年跟王利芬做《赢在中国》，有一个评委是做风险管理的，他认为模式更重要，不太关注人。还有一个哥们，只关注是不是好人。我觉得这俩人都不可能当一个称职的CEO，一个优秀的CEO一定要有强大的管理基础。拿海尔来讲，海尔没有产品吗？海尔没有产品，1984年就不可能去砸冰箱。20世纪80年

代，有几家中国公司有这个水平？那时候，可能很多年轻人还没出生，我对那个年代的印象很深，那时候要买一台冰箱，还得凭票，大家几乎都买不起。可是海尔居然去砸了，这就是全面质量管理，这就是品牌，这就是那时候的产品模式。产品就是生命力，一直到今天都没有变过。像海尔这么大规模的企业，要跨出这一步，跟阿里巴巴这样的企业合作，其实也很不容易。我们无所谓，反正我们只要找一个大哥合作就行了。阿里的体系再大，也没有海尔的体系复杂。

没有规模性盈利，没有持久性盈利，那不叫模式，那叫商业活动。哪家企业称得上已经有良好的模式？我们讲谷歌、facebook、腾讯、阿里，讲来讲去，全世界加起来不到20家企业。海尔到今天为止，还有100多亿人民币的利润在这里。海尔今天的模式和经验，一定会对你的企业未来的成长有很大帮助。记下今天，有一天一定会有用。我其实会花很多时间去看其他企业，他们的痛苦经历是我们最好的教材。

做企业需要巨大的乐趣驱动

企业即人，管理即借力。我最早听到"企业如人"这句话，是听索尼公司的CEO讲的。我觉得，企业就是人，它有生老病死，企业遇到了问题，就是生了病。有一些问题是小病，比如感冒，你不治，它自己也能好；有一些问题，你不治就是癌症，越搞越大。管理企业就像管理自己一样。我听说张瑞敏一年要看100多本书，我一辈子看的书加起来都没有那么多，其中还有一半是金庸的小说。所以，我特别钦佩张瑞敏，我最大的感受就是他的知识非常渊博。我觉得，张瑞敏绝对可以称得上专家型学者的典型。

一年读100多本书，那是被巨大的乐趣驱动。中国的企业，在短短32年里能发展到这么大规模的，除了海尔以外，真的没有几家，屈指可数。没有巨大的乐趣，没有强烈的热爱，没有强大的抵挡诱惑的能力，是做不到的。所以，你要做企业，就要想清楚，有什么东西是你巨大的乐趣所在？有人喜欢研究模式，有人喜欢研究产品。

管理：管是管人、管文化，理是理制度、理模式

我觉得管理，管是管人、管文化，理是理制度、理模式。我的职责就是把人给管好。管理人的最佳方法是什么？就是用文化去管理。每家企业都有自己不同的思考，所以管理的方式和方法可能不一样，但出发点是一样的。比如说管理创新，几年前，阿里内部发生了一次激烈的争吵，创新到底是应该建立一套创新的制度，还是应该CEO拍板？我们争论了一天，最后我个人觉得，制度和CEO都很重要。如果你没有良好的创新制度，就不可能有成群的创新出现。皇帝生儿子必须生40个、50个，否则谁来接班？但最后谁成为太子和首推产品，那得是皇帝CEO说了算。

我不是吹牛，我"押宝"押得还不错。那时候我押淘宝，大家今天去看看中国的互联网企业，做销售、营销的基本上都是阿里原来的人，都是我们的人出去当CEO、COO。我们那时候如日中天，销售没有搞不定的地方。我押了淘宝之后，又押支付宝，然后再押阿里云。我们的创新一群一群的，层出不穷。在一定的情况下，必须决策，这是我们的未来。有人说，你押宝，是怎么做这个判断的？你一定要问清楚自己有什么？要什么？要放弃什么？作为领导者，你永远要把握住企业的方向，方向就是你

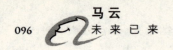
们的使命、愿景和价值观。

要么做平台型企业，要么利用好平台

我个人觉得，你要么做平台型企业，要么给平台打工，要么利用好平台。因为不可能每一家公司都能成为平台。第一次技术革命诞生了工厂，第二次技术革命诞生了公司，第三次技术革命诞生了平台。真正成为平台的不是你的技术，不是你的产品，而是你的思想。平台的思想就是，让别人越来越强大，去服务别人。今天在中国，没有几家像阿里这样的做平台的公司。刚开始的时候，阿里巴巴不算大平台，我们那时候主要是帮助企业出口，企业在阿里巴巴上卖货卖不出去，不赚钱，那我们就破产了。后来做淘宝也是一样，如果买的人不爽，我们就不爽。支付宝也是一样。平台型企业的核心价值体系就是如何让别人做得越来越强，而品牌企业是聚集所有资源，让自己越来越强。不是所有的企业都可以成为平台，如果你不能成为平台，那就利用好平台。当然，你要成为平台，就必须明白一个道理：要让你的客户强大，让你的员工强大，让你的供应商强大，让你的竞争对手强大。这样，你才能做好平台。

按照我们的理解，平台就是第二次世界大战中出现的一种新型武器——航空母舰。航母本身就是一个平台，它不能打仗，只有它上面的舰载机才能打仗，航母的作用就是给舰载机提供弹药、燃油，让舰载机迅速起飞、降落。但航母是需要护卫舰保护的。我们本身不能打仗，所以有人跟我们打仗，我们很吃亏。那打败对手的是谁？是我们平台上的企业打败了其他企业。别人说电子商务不赚钱，但中国95%赚钱的电子商务企业都在我们的平台上赚钱。这就是平台思想的核心。

要在阳光灿烂的日子修屋顶

我觉得做企业要想明白一点：你到底有什么？你要什么？你应该放弃什么？我们总是在思考我要什么，其实真正的智慧是想清楚我不要什么。小企业考虑的是要用什么样的人，而大企业考虑的是要开掉什么样的人。当你手上管着5000人的时候，当你手上有超过200个产品的时候，你思考的层面就会不一样了。

企业发展到一定的规模，很多事情都会发生，你要学会抓大放小，想清楚什么是重要的，什么是不重要的。我们在发展过程中碰到了很多问题，也有很多问题我们没有碰到，没有碰到是因为我们花了很长时间去思考。那时候我们就想，公司超过两三千人会怎么样？超过1万人会怎么样？超过1亿收入会怎么样？超过50亿、100亿收入会碰上什么麻烦？每一次，当问题曲线往上升的时候，我们就要开始改变了，不能等升到顶峰的时候再开始改。我不断提醒自己，要在阳光灿烂的日子修屋顶，不要等到下大雨的时候再去修屋顶，这样大风大雨来的时候就可以躲一躲。

每家企业做管理的方法是不一样的，但毫无疑问，大家能走到今天，骨子里的东西都是一样的，那就是对管理的投入、热爱和研究。如果缺乏这个基本功，缺乏这个思考，有一天你的日子肯定会不好过。

商场如战场，两家企业竞争，人的素质、技术装备的力量其实没有什么大的差别，就看谁多花一点时间在管理上。管理就是借力，借助人的力量、资本的力量和知识的力量。我见过很多成功的企业家、很多政治领袖、很多艺术家，他们一定是乐观地看待未来的。悲观的人是不会成功的。

要想成功，你必须具备四个要素：学习能力、反思自己的能力、改变自己的能力和坚持。我见过无数所谓的成功人士，这些人中，没有一个认为自己是成功的。我现在每天提心吊胆，如履薄冰，就像你爬上珠峰的时候，你哪有时间欣赏风景，你不知道风会从哪个方向吹过来。你在珠峰上拿一面红旗拍照，最多熬两分钟，就赶紧下山。如果你热爱你的行业，热爱你的企业，热爱你的模式，热爱你的产品，就去不断学习，以开放的心态去学习。要反思自己，而不是反思别人，而不是反思你的员工，是反思自己的问题。改变是要先改变自己，只有你改变了，你的组织才会改变。然后，给自己足够的时间去坚持。

要在年轻力壮的时候生孩子

我们爬上一个山头，不是为了爬下一个山头，因为下一个山头爬上去之后，你还是要下去。要保持这样的定力，那才叫水平。每个人看问题的角度是不一样的，你看问题的角度、深度、广度决定了你的企业的未来。

我今天吹牛很厉害，到处去东讲西讲，我发现我干活干不过年轻人，所以年轻人干活，我来吹牛。有一天，年轻人吹牛吹得比我好了，我就退休了。其实，人才就是这样一茬一茬地出来的。生孩子一定要在年轻力壮的时候生，别到了80岁的时候再生孩子，那时候生出的孩子不一定好，因为你已经没有力气了，你不知道怎么管他了。如果你今天40岁，生两个孩子不行可以再生两个孩子，你还有机会。所以，要早一点培养接班人，跟我们一起干10年的人真的很辛苦、很累，人家该走就让人家走。

编者注：

2016年7月28日，马云带领湖畔大学第一期和第二期学员来到青岛海尔总部，进行为期两天的交流。马云就企业管理发表演讲。

7. 明天开始，生活将是我的工作

我们是非常幸运的人。20年以前也好，10年以前也好，我自己都不相信自己如此幸运。当CEO很难，但是，当CEO的员工更难。我特别感谢我的同事信任了我。10年前的今天，是非典在中国最肆虐的时候，所有人都没有信心，大家都不看好未来。而阿里的十几个年轻人，相信10年以后的中国会更好。

淘宝10年，感谢信任

10年以后，电子商务在中国受到了巨大的关注。无数人为此付出了巨大的代价，为了一个理想，坚持了10年。我一直在想，即使今天阿里巴巴集团99%的东西不存在了，这10年也是值得的，今生无悔，更何况我们今天有了那么多朋友，那么多信任，那么多坚持的人。

我是没有理由成功的，阿里也没有理由成功，淘宝更没有理由成功，但我们居然走了这么多年，还对未来充满理想。是什么让我们有了今天？是什么让马云有了今天？我想是一种信任。当所有人不相信这个世界、所有人不相信未来、所有人不相信别人的时候，我们选择了相信，我们选择了相信10年以后的中国会更好，我们选择了相信我们的同事会比我们做得更好，中国的年轻人会比我们做得更好。

今天的中国，正在拥有信任。每天2400万笔淘宝交易，意味着在中国，每天有2400万个信任关系在流转。你居然会付钱给一个从未听说过名字的陌生人，买一个你可能从来没见过的东西，再让它经过上百上千公里，通过一个你不认识的人，送到你手上。

感谢所有的阿里人，你们让这个时代看到了希望。你们像中国所有的80后、90后那样，在努力建立一种新的信任，这种信任会让世界更开放、更透明、更懂得分享，承担更多的责任。我为你们感到骄傲，今生跟大家做同事，下辈子我们还是同事！

寻找机会，抓住机会

今天的世界，是一个变化的世界。30年以前，我们谁都没想到，中国会成为制造业大国；谁都没想到，计算机会得到这么广泛的应用；谁都没想到，互联网在中国会发展得那么好；谁都没想到，淘宝会做起来；谁都没想到，我们今天可以聚在这里，继续畅想未来。

在很多人还没搞清楚什么是PC、什么是互联网的时候，移动互联网来了；当很多人还没搞清楚移动互联网的时候，大数据时代又来了。变化的时代，是年轻人的时代！今天，还有不少年轻人觉得，像谷歌、百度、腾讯、阿里这样的公司占据了所有的机会。10年以前，当我们看到许多伟大的公司时，我们也曾经为此迷惘，问自己是否还有机会。10年的坚持、执着，让我们走到了今天。假如这不是一个变化的时代，年轻人就没有机会。工业时代是论资排辈的，你永远需要有一个富爸爸。但我们没有，我们所拥有的就是坚持和理想。很多人讨厌变化，但是正因为我们把握住了变化，我们才看到了未来。未来30年，这个世界、这个中国，将会有更多的变化，这种变化对每个人来说都是一个机会。我们没有办法改变昨天，但是30年后的今天，是我们今天这帮人决定的。改变自己，从点滴做起，坚持10年！

人类已经进入商业社会。我也是一名商人，但是很遗憾，这个世界上的商人没有得到他们应该得到的尊重。这个时代不再是唯利是图的时代，我想，我们跟任何一种职业比如艺术家、教育家、政治家一样，我们都在尽自己最大的努力去完善这个社会。14年的从商经历让我懂得了人生，让我懂得了什么是艰苦；什么是坚持；什么是责任；什么是别人成功了，才是自己的成功。我们最期待的，是员工的微笑。

不糊涂的唯一办法是相信年轻人

谁也没把握让你红五年，谁也不能断言你不会败、你不会老、你不会糊涂。想要不败、不老、不糊涂的唯一办法就是相信年轻人，相信他们，就是相信未来。

做公司做到这个规模，让我有了一点小小的自尊，但是论对社会的贡献，这家公司才刚刚开始。我们今天得到的，远远超过了我们的付出。社会希望这家公司走得远、走得久，就是希望我们去解决或参与解决社会的问题。今天社会上有那么多问题，这些问题就是我们的机会。

　　阿里人坚持为小企业服务，因为小企业是中国梦想最多的地方。14年前，我们提出了"让天下没有难做的生意"的愿景，今天，这个使命落到了年轻人身上。人们说电子商务、互联网制造了不公平，但我的理解是，互联网制造了真正的公平。所有阿里人都应该支持小企业，他们一定会成为中国未来最大的纳税者。

　　"Heal the world"①这首歌很好，但这个世界上的很多事情，我们做不了。我们每个人只要做好自己那份工作，做好自己感兴趣的那份工作，就已经很了不起了。让我们一起努力，努力工作，改善中国的环境，让水清澈，让天空湛蓝，让食品安全。

编者注：

　　2013年5月10日晚，阿里巴巴集团在杭州黄龙体育馆举行淘宝十周年晚会，四万人参加。马云宣布辞去阿里集团CEO一职，并发表卸任演讲。

---

　　① Heal the world：一首由迈克尔·杰克逊编词、编曲并演唱的公益性歌曲，被誉为"世界上最动听的歌曲"。

马云

未来已来

>> 第四章 >>

年轻人
就是未来

1. 中国梦和美国梦是相通的

2. 少一些抱怨，多一些坚持

3. 多学一点别人怎么失败

4. 做企业就像打仗

5. 没有人看过我流泪，因为我没有时间流泪

6. 三十年后不忘初心，就是成功

7. 女性就是票房，女性就是经济

8. 当你赋能女性的时候，你是在赋能未来

1. 中国梦和美国梦是相通的

43年前，美国总统尼克松访问我的家乡杭州，杭州来了很多外国游客。那时候我正好上初中，学校的师资不足，所以我们的英文老师是语文老师客串的，不是很地道。我坚持在宾馆门口给外国游客免费做导游，以此自学英文。9年之后，我不仅掌握了一定的语言能力，更了解到一些美国的文化。今天想来，没有当时的中美邦交正常化，没有对外开放，就不太可能有现在的阿里巴巴。这两件改变了我个人命运的大事，都跟中美友好合作分不开。

西雅图不眠夜

整整20年了，我再次来到西雅图，度过了一个"西雅图不眠夜"！20年前，我还是一名教师，第一次来美国就来到了西雅图。在市中心的一栋写字楼里，我人生中第一次使用电脑，第一次上网，但我发现，当时的互联网上几乎没有中国的信息。在感受到互联网巨大魅力的同时，我也发现了市场机会所在。回国后，我借了2万元人民币开始创业，一直坚持到现在。

西雅图是我的创业梦想开始的地方。互联网启发了我，经过在中国20年的坚持，我们梦想成真。中国人说中国梦，美国人说美国梦，其实，中国梦和美国梦本质上都是追求美好生活，追求更健康、更快乐、更幸福的生活。所以我相信，只要中美两国能够真诚地合作，达成新型大国关系，中美两国人民将会有更多更美好的中国梦、美国梦和世界梦。我们都是中美友好合作的受益者。正因为大家满怀希望和信心地参与到中国改革开放的大市场中，才有了今天的我们。当然，中美企业家是中美友好合作的积极建设者和推动者，没有企业家的努力，我们很难想象今天中美之间会有如此巨大的成果。

中国梦想，世界胸怀

中国和美国有很大的不同，正因为既有不同点，又有相同之处，所以才会既有竞争，又有合作。过去的几十年里，成功的全球化企业总是在寻找彼此的共同之处，学会欣赏、尊重和理解彼此的不同之处。只有这样，我们的企业才能合作共赢，共同面向未来。中美两国谁也离不开谁，企业家要成为两国之间沟通的重要桥梁，建立互信，达成市场共识，这将会是我们共同的未来！

不同的文化背景，不同的国情，甚至不同的宗教信仰，产生误解很正常。优秀的企业家懂得：沟通是消除误解的唯一钥匙。只要积极沟通，共同正视困难，没有什么问题是说不清楚的。

人类没有哪天是容易过的，在中国做生意不容易，在美国做生意同样不简单。今天存在的问题，就是留给我们的机会，就看我们是着眼于未来，还是执着于当下。我想，正是因为当年两国领导人对未来的中美关系有远大的战略构想，才有今天的成果。我相信，只有把目光放在明天，才能解决今天的问题。

美国人对中国经济的认识，除了有一些误区，还有一点，是中美之间存在着文化差异。美国人认为中国经济有下行压力，中国人就不消费了。但事实并非如此。阿里巴巴平台的消费者数据显示：2015年以来，中国的消费信心依然强劲，上升趋势明显，在投资和出口放缓的大背景下，内需消费不减反增。这是美国人无法理解的。美国人善于花明天的钱，花别人的钱，而中国人的危机意识是历史文化造成的，我们总是在花昨天的钱，花自己存下来的钱。中国人喜欢存钱，中国是世界上居民储蓄率最高的国家，中国的老百姓存钱，是为了在困难的时候救急。因此，你会发现：经济困难的时候，中国人仍然有钱花。

目前，中国有近3亿中等收入人群，未来10～15年，这个数据会增加到近5亿。这部分人，收入是达到中等水平了，但消费水平还是初等的。这里面蕴含着巨大的消费潜力。这不仅是中国经济转型的巨大动力，也会给拉动世界经济带来巨大动力。所以，我们今天在谈论中国传统企业经营压力增大的同时，更应该看到中国新经济的增长势头不亚于美国。短短16年时间里，阿里巴巴网络的消费规模可以比肩沃尔玛全球的规模，这不是我们的成就有多么了不起，而是显示了中国巨大的市场潜力。我相信，中国巨大的内需市场的开发和中国高科技、新兴产业的迅猛发展，正是中国经济转型升级的方向，也是世界经济对中国经济的期待。反腐倡廉和依法治国思想打下的公开透明的基石，将使中国市场经济的秩序越来越走向规范。

编者注：

美国当地时间2015年9月23日，保尔森基金会与中国国际贸易促进委员会共同主办的中美企业家座谈会在西雅图拉开帷幕，习近平主席出席会议并发表政策讲话。中美各15位首席执行官参加了中美企业家圆桌会议。参加此次座谈会的企业涉及多个行业，中方包括阿里巴巴、腾讯、联想、中国银行、海尔集团等企业，美方包括亚马逊、思科、苹果、波音、百事可乐等公司。当北京遇上西雅图，意味着中美经济发展进入新格局。马云在会上指出，中国市场有巨大潜能，中国人的消费自有其内在韧性，而中美企业家的合作将成为推动中美乃至世界经济发展的重要助力。

2. 少一些抱怨，多一些坚持

开始创业的时候，我说我要做互联网，23个人反对，只有1个人说你去试试看。因为我似乎不具备任何资格、学识或者能力，我没学过管理，我不懂电脑，我读书不是很优秀……但是，我有梦想，我坚信自己可以创业。

没有人看到我的失败

当时在人们看来几乎没有可能成功的事，尽管没有任何资源支持，我们仍然坚持了15年。我们18个人凑了50万元人民币，当时还以为这50万元人民币大概能够坚持12个月。结果，我们熬到第八个月就没钱了。我跟蔡崇信副主席一起去硅谷融资，我们被30多个风险投资基金全部拒绝。

梦想和理想是有很大差异的。梦想，每个人年轻的时候都有过。有些父母跟我讲，我的孩子三天两头换梦想，今天想这个，明天想那个，我说这很正常，总比没有梦想好。但理想不一样，理想是一批人共同坚定地做一件事，并且有计划、有实践、有行动，一点一点地把它变成现实。创业是一批人的事情。其实，在阿里巴巴成立之前，我已经创业四年了，在"中国黄页"做了两年半到三年，又到外经贸部做了13个月临时工，都失败了。但是，没有人看到我的这些失败。

那时候，我天天抱怨比尔·盖茨，抱怨拉里·埃里森（甲骨文公司创始人），抱怨他们拿走了最好的资源、最好的机会。我那时候想要做软件，出了一个微软；想要做硬件，出了一个IBM；想要做商场，已有一个沃尔玛。

所以，我们选择了去做互联网。今天大家已经知道，做互联网的绝大部分人都没有成功，但阿里巴巴幸运地成功了。我想跟大家分享的是，如果你去创业，就要多花点时间去思考别人为什么失败，不要去琢磨别人为什么成功。成功有很多原因，但往往不可复制，而失败恰恰是你可以不去重复的。三四年前，大家都认为阿里巴巴很糟糕，商业模式有问题，服务和产品也不行……但是现在，阿里巴巴已经成为全世界范围内一家很大的公司。当别人都不看好我们的时候，我们要有信心；当别人都看好我们的时候，我们也要调整心态。

我们没有想到我们能走到今天，如果重来，我不确定这种成功是不是可以复制。大家只看到我们今天的光鲜，却没有看到我们犯错误的时候、沮丧的时候、闹矛盾的时候，政府"找麻烦"的时候，客户不满意的时候，没钱发不出工资的时候……成功的耀眼是瞬间的，但付出的代价、经历的挫折与苦难是非常漫长的。

所幸，我们懂得自己温暖自己。工资发不出的时候该怎么办？当我们只能给我们的员工2000元月工资，而别人愿意出5000元的时候，我们该怎么办？现在我才明白，企业越大，麻烦越多，责任越大。全世界的创业者都有一本苦难的经，大有大的难处，小有小的痛苦，但是要保持良好的心态。有人讲马云很有智慧。哪来的智慧？智慧的人肯定都是倒过霉的人。

所有被人们认识的智慧者，都是经受过巨大的生理、心理痛苦的人！

这15年里，有1万次想过放弃

我有些心得想分享给所有年轻人：第一，要乐观地看待未来；第二，少一些抱怨，认真检查自己的问题；第三，要有超越常人的坚持。没有这些素质，你是走不远的。

第一，要乐观，不乐观的人是不可能创业的。我算是一个乐观主义者。人类社会在发展过程中一定会碰到各种各样的困难，但人类社会永远在向前发展！所以，2008年金融危机的时候，我跟很多同事讲，这是机会啊。危机一直存在并在更新，但我们解决问题的能力也在提升！

第二，少抱怨。听到别人在抱怨，你要想机会就在抱怨中。很早的时候，很多人在抱怨中国出口难，想要出口就得去广交会。但是，申请不到广交会的牌照资质怎么办？为什么不在网上做一个平台，让大家直接在网上交易呢？于是，阿里巴巴在大家的抱怨中出现了。真正成功的人一定是勇于改变自己的人。改变别人的事情少做！

第三，所有成功者碰上麻烦、犯过错误后，总是先检查自己。

这15年里，我们有1万次想过放弃，但是，在想放弃的时候花两分钟想一想，在坚持的时候再花两分钟想一想。就这样一路思考着，坚持着，我们走过来了。

编者注：

2015年2月2日，马云参加团结香港基金主办的"与青年有约：从梦想到成功创业"交流会并发表演讲。

3. 多学一点别人怎么失败

　　阿里巴巴在15年以前是小得不能再小的企业，我们从来没有想过今天可以和这么多大企业家进行交流。能够走到今天，是时代给了我们机会，国家给了我们机会，社会给了我们机会，同事给了我们机会。

　　2010年6月，我来台湾参加创新论坛。当时主持人跟我说，你看我们台湾多了不起，年纪这么大的企业家还在谈创新。这让我很焦虑。我认为，创新是年轻人的事情，尽管有几位老企业家干得不错，但总体来说，应该是年轻人干得更好。

　　我跟金庸先生讨论过，我说在他的小说里，年纪越大的人武功越高，这是违背规律的。我们应该把机会留给年轻人。如果你相信未来，就应该相信年轻人。你只有相信年轻人，才能真正地说：未来是美好的。

谁的青春不迷茫

　　过去15年里，中国发生了天翻地覆的变化，尤其是在经济领域，出现了很多15年以前没见过的人、没听说过的企业。最重要的是，这些都是年轻人创办的年轻企业，尤其是在互联网领域更多。但很遗憾，这15年来，台湾的新企业和新企业家不多。

大家说我是年轻人，但我已经不年轻了，今年已经50岁了。到了我这个年龄，担心的事情变多了。以前我从来不担心讲错话，但现在我担心自己讲话的内容有错，这就证明自己年纪大了。

今天很多年轻人很彷徨，总觉得机会不够多。其实我也迷惘过，我也彷徨过。很多人在网络上看过我当年去应聘的故事。我确实应聘过30多份工作，没有一份被录取的。其中有一份是一家快餐企业，25个人去应聘，24个人被录取了，只有我一个人没被录取。

是什么让我走到了今天？成功人士多是在思考自己的问题，而失败者则是一直在评价别人。台湾、大陆的年轻人，现在受到的教育远远优于20年前。我跟我的同事讲，如果像我这样的人现在去阿里巴巴应聘，基本上会被拒绝，因为我的文凭不够。只有经过生活的磨炼、生活的挫折，学校教育教给你的东西才能真正变成你自己的知识。我受的教育并不好，但我认为杭州师范大学是世界上最好的大学。如果我没有那三十几次的挫折、那么多年的彷徨，就不可能有今天。年轻人彷徨很正常，重要的是要思考自己应该做什么。

有人说我长得很奇怪，很像外星人E.T.。其实，我这个人除了长得像E.T.以外，其他地方和普通人都一样。15年前，我在自己的公寓里和17个年轻人一起创业，那时候我们的想法很朴素，就是想要试试看。如果我们这些人都能成功，那么中国80%的人都能成功。我们没有有钱的爹、有钱的舅舅，到今天为止，我们没有向政府要一分钱，就靠自己一点一滴地走，不断地闯，走到了今天。

但是今天，年轻人说，马云，你走得太远了，我们追不上。事实上，

15年前，我跟所有年轻人一样。现在我们阿里巴巴的市值很高，但以前很多人认为我们公司很不靠谱，认为我们公司不赚钱，想法很怪异。那时候，很多人说我们公司很烂，但我知道我们其实没有那么烂；今天，人家说我们多么强，其实我们也没有那么强。当别人认为你无所不能的时候，其实你已经离危险很近了。

如果说我跟别人哪里不一样的话，就是我观察问题的角度和别人不一样，看问题的深度和别人不一样。每个人、每代人都有自己的机会，就看你是否能够把握住。有人把机会看成了灾难，也有人把灾难看成了机会。遗憾的是，世界上多的是把机会看成灾难的人。

如果一个人经常有好运气的话，那他背后一定有很多东西是你没发现的。一个人老是走背运的话，也一定有他的可恶之处。台湾"芯片大王"张忠谋①先生有他的机会，我们这代人有互联网赋予的机会，每个人都有他的机会，关键在于你怎么去把握。

如果你的眼睛老是盯着李嘉诚、比尔·盖茨，每天微信里看的都是马云的语录，那你是不会有机会的。我以前也是，看见张忠谋、郭台铭②，火气就大，因为他们把我的机会都拿走了。我曾经问自己，我什么时候才能超越李嘉诚？这些大人物让我们看见的东西，是他们要让我们看见的东西，但我们要去看他们背后的辛酸、背后的努力、背后的代价！后来，我放下了这些东西，看看身边的老王、小李，他们也在一点一点地追逐他们的梦想，这才有了我的今天。

---

① 张忠谋：台湾积体电路制造股份有限公司（台积电）创始人、董事长。
② 郭台铭：台湾鸿海精密集团（富士康母公司）创始人、董事长。

人生有三层机会

我刚过50岁，有人说我讲话越来越有哲理。讲话有哲理的人，一般是吃苦吃得比较多的人。

人生有三层机会。第一层机会是年轻人觉得自己什么机会都没有，其实这时候处处是机会，因为你的双手是空的，想做什么就做什么。

第二层机会是在你刚刚取得一点成功的时候，你觉得到处都是机会。在一个互联网大会上，有人跟我说，马云啊，现在到处都是机会，睁开眼睛就是机会。是的，没钱的时候是你骗别人，有钱的时候是别人骗你。你自己觉得都是机会的时候，是你还没有想清楚，当你真正了解自己要什么、应该放弃什么的时候，真正的机会并不多。

第三层机会是给别人机会，这才是真正的机会。30岁的时候要跟别人做，40岁的时候要自己做，50岁的时候一定要给别人做，给年轻人机会。

大家都在担心的时候，机会来了；大家都在欣喜若狂的时候，危险来了。这时候，如果你能够化解危险，这就是属于你的机会。这么多年来，我都是倒过来看问题的，我喜欢听别人的抱怨，然后用自己的脑袋去思考。四周都是愤怒、都是抱怨、都是不满的时候，其实机会就在这里了。

我对MBA有不同的看法。MBA是教大家怎么成功，但我觉得应该多学一点别人怎么失败、为何失败、如何克服失败。多想想，自然就会减少失败，走向成功。但最关键的是，我们不要"晚上想想千条路，早上起来走原路"。很多年轻人，晚上想要做这做那，早上起来就骑车上班去了。我觉得，改变要从现在开始，行动是一切改变的源泉。

有人说我不懂技术，我对技术确实很头疼。说实在的，我没学过计算机，没学过软件，我现在能做的，也只是上网看看新闻，或者和年轻人交流交流。但我们这些人要去思考：我们拥有的这些技术到底要解决什么问题？

社会正在发生天翻地覆的变化。20年来，互联网给社会的经济、政治等各方面带来了巨大的变化，但这只是刚刚开始。DT时代的鸿沟，不在于技术，而在于思想观念。今天讲转型升级，我个人认为，只有每个人的脑袋升级了，经济才能转型。只有把我们的希望交给年轻人，年轻人才能带给大家一个丰富的、转型的未来世界。

我们看到，社会正在从IT时代向DT时代转变。大家要知道，IT时代和DT时代的差异，不仅仅是技术的差异，更是思想观念的差异。这个差异在于：IT是使自己变得强大，而DT是让别人变得强大。

你今天创业，要思考10年后会发生什么事，要问自己为10年后的社会解决什么问题？如果你想今天创业明天就成功，那这个机会一定不会属于你。凭什么你今天做明天就成功？如果你想今天做，10年后成功，那你就要多把握、多思考这样的机会。

台湾有很多非常出色的年轻人，我的合伙人蔡崇信就是台湾人。有多少人能像他一样，15年前放弃上百万元的高薪，跑到杭州我家里，接受500元一个月的工资，跟我一起做？这就是勇气，这就是行动，这就是梦想。

大家去创业是容易的，但坚持创业理想、不断完善自己是很难的。我正计划成立一个基金，来帮助台湾的年轻人到大陆学习、创业。这些钱反正也不是我自己的，也是要捐出去的，为什么不给年轻人更多的机会呢？

编者注：

2014年12月15日，"2014两岸企业家峰会"在台北举行，马云出席并发表演讲。

4. 做企业就像打仗

世界变化很快，也越来越多元化。任何观点，大家都会用自己的脑袋去判断，我们可以有不同的观点，可以展示不同的未来。

我做企业，是一路被批评和被骂过来的

我做阿里巴巴这家公司，是一路被批评和被骂过来的，没有骂声我反而会特别紧张。

阿里巴巴很幸运，但我们付出的代价跟努力超乎大家的想象，成功的背后有太多眼泪、委屈和挫折。1999年公司初创的时候，我们向中国企业推销电子商务，几乎处处碰壁。当时跑了十个客户，九个拒绝，只有一个说试试吧，我们就很高兴，特别高兴。

刚创业的时候，我以为企业大了，就没有那么多痛苦和麻烦了，就可以像有钱人一样到沙滩上享受人生，抽雪茄。没想到做大了反而更累，压力也更大，一个错误就可以让你明天关门。

少听别人说，自己去思考，找一些志同道合的人，给自己一个决心，

坚持五年、十年，一定要把它做出来。阿里的今天就是这样走出来的，这条路也是所有创业者都走过的路。

我的英文能力最初不是正规教育教出来的，而是聊天聊出来的。我们家没人懂英文，A、B、C拆开来，我爸不知道哪个是A，哪个是B，哪个是C，我妈更不懂。我在十一二岁的时候开始接触英文，每天早上，我骑着自行车到杭州香格里拉饭店门口，找来旅游的老外练英文。

有意思的是，老外都是来杭州旅游的，没时间搭理我。没办法，我就故意在饭店门口念英文，把有些词念得很古怪。老外听到了，咦，这么奇怪，不知道说的是什么，就过来和我聊天了。我的回报就是为他们免费做导游，就这样聊了九年。

后来，我进杭州师范大学当了学生会主席，还当了学联主席，学习了怎么理解别人，怎么组织活动。我毕业分配到大学教书的时候，当时的校长说，全班就你一个人分配到大学教书，你五年内不许离开学校，我答应了。在学校的日子比较艰辛，因为在所有老师中，我毕业的学校最差，大家都看不起我，工资也不够用。后来，深圳有人承诺给我1200元一个月的工资，海南有人愿意出一个月3600元的工资。但我答应了别人就是承诺，我说了五年内不离开学校就不能走。就这样，我教书一教就教了六年。

这六年踏踏实实当班主任的经历改变了我，让我受益匪浅。所有老师都希望学生好，能够超越自己，所以一观察到学生有不对的情况，就会马上纠正，不希望学生学坏。到今天为止，我还像个老师，天天在公司里希望员工超越我，比我做得好，希望他们每个人都能成功。

失败很正常，人生最大的财富就是以前所有失败的经历。我经历的倒霉的事情挺多的。大家都知道，我找过几十份工作，都被拒绝了。我这辈子从没应聘成功过，包括我父母在内，没人觉得我会成功。我问过我太太，你是希望我成为首富呢，还是受尊重的人？她说，你怎么可能成为首富？当然是受尊重的人。

学语言开拓了我的视野，做学生干部、当老师锻炼了我的心态和组织能力，不断的失败又磨炼了我的抗击打能力。创业者的乐观精神非常重要，没有这种精神，你根本走不下去。绝大多数人都是乐观的。我以前没发现自己很乐观，反正从小到大都是失败，也就习惯了，所以应聘失败回来，觉得也还好。要学会用左手温暖右手，并相信明天一定会比今天好。

梦想和理想的差异

很多人想要创业，有一点请大家注意：多借鉴别人失败的经历。做企业就像打仗，活着回来就是成功。一味说别人错的人，永远回不来。所以，多花点时间去看别人是怎么失败的，去检查自己的问题。成功的因素千千万万，但失败的因素大都类似。你会发现似乎就这么几个错误，但你也可能会犯。我希望大家多花点时间去研究别人怎么会失败，认真研究这些导致失败的错误。如果碰上挫折，一定要检查自己的问题，不要指责别人。

10多年来，我晚上经常想，不干了，没意思，但早上起来还是继续坚持。成功其实就是再坚持一会儿。有时候，大家都反对的事情，说不定是机会；大家都说对的事情，反而要很小心。大家都认为很容易的事情，拷贝得也快；只有大家都觉得不太靠谱的事情，我才觉得有戏。怕竞争，就别做企业；畏难，怕被人骂，就别创业。

梦想和理想的差异在哪里？想当飞行员、当老板、当教授，这叫梦想。理想是什么？是有一个团队，有一帮人共同理解、相互支持来成就一件事情，理想是要变成现实的。

现在是世界变化最快的时候，也是一个最好的时代，因为我们从来没遇到过现在这般的机会。每一代人有每一代的职责，有每一代的机遇。This is our time（这是我们的时代）。

社会需求的个性化越来越强烈，IT时代的大规模、标准化、流水线已经跟不上时代了。很多年轻人不愿意接受工厂模式，那你可以去创新嘛。有人说超市卖不好，都是因为淘宝。他没明白的是，没有淘宝，超市照样卖不好。因为消费者的需求越来越个性化，而这就是社会的发展趋势，就是你创新、创业的机会。

有个大学生在淘宝上卖夏天蚊子的标本，还卖得很好。他说夏天复习功课的时候，蚊子咬他，他就把蚊子抓来做成标本，给女孩子做耳环，结果就有人要两只一模一样的蚊子……前几年在阿里巴巴上卖得很好的美国黑人用的假发，有人买了一顶，戴着下水去游泳，结果假发的胶水化了。她不满意，就跟淘宝投诉，于是几个星期后，世界上就诞生了第一款可以戴着下水的假发……

你们在创业的路上不会比郭台铭和其他几位轻松到哪里去，要找到自己的兴趣。大家都不高兴的时候，机会就来了；人人都在抱怨的问题，你解决了，就是机会；大家都不看好的东西，你把它做好了，就是属于你自己的机会。

年轻人的知识结构，年轻人对计算机、手机和互联网的认识，一定比我们这代人好。有朋友说，现在的手机，屏幕太小了。我说不是屏幕太小，是你眼睛花了，人家年轻人觉得正好。我相信，这一代年轻人有足够的智慧去解决关于未来的问题，并且我永远相信。

　　我觉得企业的第一责任是生产健康的产品和提供优质的服务，并照顾好自己的员工。但是，对企业来说，很重要的一点是把企业责任植入商业模式里。我很讨厌有的企业做的产品是有毒的，是骗人的，却还每年捐点钱去做慈善，说是为社会做贡献。这两者是不能切割开来的。

　　很多人说一代不如一代，但我觉得一代强过一代。地震募捐时，走在最前面的是年轻人，这正是我们社会的希望所在。

　　在我们公司做事，有30%的人反对是很正常的。在创业过程中，有人反对你不一定是坏事，有人倾听你不一定是好事。一定要有自己的判断。阿里巴巴有一件事做得非常有意义：几年前，我们把鱼翅交易在阿里、淘宝上禁掉了，把象牙产品交易在阿里、淘宝上禁掉了。这个决定宣布之后，所有阿里的员工都开心地鼓掌。

我来台湾的"私利"

　　台湾的创业环境很好，否则不会诞生台积电（台湾积体电路制造股份有限公司）、富士康等这样优秀的企业。但这个世界现在发生了很多变化，面对变化，一些年轻人会抱怨和迷惘，这很正常。因为你们的父辈在这个年龄的时候也迷茫过：觉得到处都没有机会。其实，要改变社会，改变世界，前提是改变自己。

　　10年后，社会需要什么，会有什么麻烦和问题？阿里巴巴要变成一家全球化的公司，就必须为全世界的中小企业解决问题，让更多的年轻人加入发展的行列。阿里会变成全球性的公司，会变成深入贫困农村的公司，也会变成技术导向的公司。如果问我来台湾有什么"私利"，那就是我们

希望台湾会有更多的年轻人加入大数据互联网时代的浪潮，实现自己的梦
想和别人的梦想。当然，年轻人选择在台湾好好干我也很高兴，因为世界
已经平了，大家应该站在放眼全世界的立场上看问题。

编者注：

2015年3月3日，应台湾大学联盟，台湾大学、台湾师范大学、台湾科技大学学生会联合邀请，马云赴台做专场演讲，分享创业历程。

5. 没有人看过我流泪，因为我没有时间流泪

你在没有找到路之前，没有确认自己想做什么之前迷茫，这太正常了。我找了30多份工作，都没有被录取。我们5个同学考警察学校，4个人被录取，我没有被录取；24个人应聘一家快餐公司，23个人被录取，我没有被录取。我后来联系上了那家快餐公司当年在中国负责招聘的那位先生，他当年没有招我进去，我是感谢他的。被拒绝——也许这就是上天安排你自己创业，不该给别人打工！

我属于看上去不会成功的人

有人说，马云想得比较远，跑得比较快，是很厉害的人，很了不起。其实，我们都一样，我不太相信这个世界上有特别了不起的人，我们都是很平凡的人。我只是看到了一个机会，想到了一些东西，然后坚持做而已。我能想得比较远，是因为近的机会都不是我们的，我们只能想得远；如果跑得慢，就更没有机会了，所以只能跑得快。

我这个人属于看上去不会成功的人。我小时候，父母、同学、老师都

不觉得我将来会成功，结果我后来做得不错，像电视剧里的人物一样大逆转，感觉很厉害。其实，我跟很多人没什么不同，我们都是穷孩子出身，都是时代让我变成了今天这样。我觉得，读万卷书不如行万里路，每个人看事情的角度不一样。有的人喜欢看书，我喜欢看人；有的人喜欢听音乐，我更喜欢看世界上不同的国家和文化。每个人的想法都不一样，有的人想过了就算做过了；有的人想过了，就一点一滴地开始做起来。

很多人说，你很了不起，因为你做了阿里巴巴，做了淘宝、支付宝，做了一大堆事情。我想告诉大家，这不是我做的，是我的团队做的，是一批人做的。但是，毫无疑问，今天的阿里巴巴、淘宝和支付宝都是14年前我们对未来的想法，只不过在今天让大家看到它变成了现实。如果想今天做明天就成功，这样的事情基本上是没有可能的。除非你出生在香港世贸集团董事局主席许荣茂的家里，不然你是没有机会的，没有人帮你。

有人会觉得自己怎么这么倒霉，做事情的时候没有人帮忙。可是，没有人帮你忙恰恰是正常的，有人帮你忙才不正常，为什么你要得到被别人帮助的机会呢？有人创业，说"我这么倒霉，借不到钱"。我告诉你，借不到钱是正常的，借到钱才不正常，谁会给你这样的机会呢？

我去欧洲时发现，很多欧洲的年轻人觉得自己现在没有机会，很迷茫。我们中国的年轻人也一样。我年轻的时候也迷茫过。有人跟我说，我太困惑了，什么事都做不成。我问他今年几岁，他说26岁。我告诉大家，我在28岁之前一直不知道自己想干什么。迷茫没什么丢人的，我们都迷茫过，不管我们今天有多能干，比尔·盖茨也迷茫过。这是实事求是。

心有多大，就能做多大的事情

所有人都应该知道，做人要有情商，要有智商，还要有勇气去担当。我相信，年轻一代的智商一定比他们的父辈要高很多。我智商不高，如果我智商高，我可能就不创业了。因为读书读得不是太好，好的工作找不到，所以我只能自己干。我情商也不高。高情商是怎么来的？磨难、失败、失意、迷茫、痛苦、失望，所有这些凑到一起，就能造就高情商。勇气也很重要，你有没有勇气，敢不敢担当？如果你愿意为自己担当，你就是普通人；如果你愿意为5个人担当，你可能就是一个团队的领头人，如果你愿意为13亿人担当，你就是国家领导人。

心有多大，就能做多大的事情。当然，天下没有一个人能做所有的事情。当年我讨厌比尔·盖茨，这哥们这么成功，拿走了最好的机会；我还讨厌那些有钱的人，我觉得成功的人都是忽悠，因为他们有好的爹妈，有好的机会。可是回过头来看，今天很多人同样讨厌我们，觉得自己要是早生个15年，碰上互联网刚开始发展的时候，也会成功。

我创业的时候，请了二十几个朋友到家里来，说我要做互联网，那是1994年年底。当时只有一个人同意，其他人都反对，"这完全不靠谱"，"马云，你不懂电脑，不懂管理，没有钱，也没有关系，凭什么你要去创业呢？"凭什么去创业？到今天我也说不清楚，但我总觉得不做这件事情就很难受，所以我想试试看，如果做得不行再说，于是我行动了。

但我也要告诉大家，不是每个人创业都会成功。为什么不会都成功呢？因为要成功，不仅仅取决于一个人有多大天赋，更重要的是，他要有优秀的团队，他要做自己热爱的事情，他要坚持，他要有时间。没有一个人能轻轻松松地成功。今天在中国，很有意思的现象是大众创业、万众创新，整个社会发生很大的变化，这就是机会。

我们能走到今天，特别幸运。你说：马云，你重走一遍，你还来不来？肯定不来，因为重新来一遍，我肯定做不成今天这个样子。别人抱怨、反对的时候，我们坚持了，坚持了15年才走到今天。今天，如果一定让我重新创业，我一定要找一个好老板，找一个好团队，跟着他们一起创业。这也是乐趣，也是一种创业，未必一定要自己当老板。自己当老板，自己做很好，但是跟着一个优秀的人去做也不错。

成功的秘诀：乐观、积极、坚持

没有哪个时代比今天这个时代更好。我没有忽悠大家，听听我是怎么分析的。

我不去思考怎么能够暴富，怎么能够快富，以前年轻的时候想过，现在不会这么想了。很多人说阿里巴巴乱投资，看不懂。如果大家都看得懂，那我们还做什么？如果很多人关注今天，那你就要看10年以后；如果大部分人关注10年以后，那你就要看今天，因为寻找机会一定得逆潮流。今天很多人心理浮躁，希望马上成功，你就该想"我未来一定能成功"；大家都想未来成功的时候，你就要在今天做得踏实一点。机会就是一种制衡。但是，无论客观条件如何，机会都要靠你自己去把握。

做企业就是要依靠市场，这没有办法。听市长的还是听市场的？原则上都得听，但是我选择听市场多一点，听市场和客户的需要多一点。有时候，市长讲的未必是对的。创业也一样，你跟你的父母会有不同的观点。我开始创业的时候，家里人都不同意，好好的大学老师不做，干吗去创业呢？你是希望发财？看你的样子也不会发财——人家发财的人耳朵很大，你耳朵很小，凭什么让你发财？因为我喜欢创业，成功与否并不重要。

我想证明一点，如果马云能够成功，那么中国80%的年轻人都有可能成功。我们没有拿到政府一分钱，我们没有拿到银行一分钱，也没有人愿意借给我们一分钱；我们也不是名牌大学生，我们都是普通大学生。

到了社会上，我发现，读书读得不够好的人确实机会不多，但成功的人未必成绩都好。有的人天生不会读书，我哥哥不会读书，我也不会读书。有的人天生就会读书，过目而不忘。这种技能不要比，读书读不过你，到了社会上，不一定干得比你差。以后，如果大家有了孩子，你的孩子真不会读书，那就锻炼他的情商，让他的情商高一点，情商高的人也有机会；让他有团队意识，懂得感恩、懂得敬畏。

我告诉大家，我跟巴菲特、比尔·盖茨、索罗斯都有幸交流过，我发现他们都有好多值得我们学习的品质。第一，他们乐观。很少听见他们抱怨，不是说他们没有抱怨，每个人生下来都会抱怨，但是要乐观积极地看待未来，他们只是在人们抱怨的时候反而找到了机会。第二，他们很积极，他们有担当的勇气，敢于行动。第三，他们比一般人能坚持。如果有一天你们创业，或者加入了一个创业团队，当你自己或者你的老板觉得很难坚持下去的时候，你就回家睡一觉，第二天早上起来继续干。很少有人看到过我流泪，因为我没有时间流泪，我只能让我的对手流泪。如果要放弃，此前15年，我们至少有1000次放弃的想法。但是，我们对自己说，再熬一熬可能就熬出来了，结果我们真的熬出来了。所以，我想告诉大家，乐观地看待未来，积极地寻找机会，要有坚持和担当！

未来30年，任何行业都少不了两个字，一个是"创"，一个是"新"。创新是未来的核心。你一定要想，你能不能做到跟别人不一样，如何做到不一样，和谁不一样。这些问题你如果想明白了，就有可能成功。创业是一条很艰辛的路，把大家忽悠去创业，没有什么意义。这个世界上有太多人去创业，每个人都有自己的选择。如果觉得这个人不错，就像买一只股票一样，你就跟着他去创业，帮助他创业；如果你自己就想成为一只股票，那就团结一批人在身边，共同为理想打拼，也不错。

编者注：

2015年8月8日，马云在北京联合大学体育馆给近2000名"四海一家·香港青年创新创业交流团"做主题演讲。

6. 三十年后不忘初心，就是成功

清华大学是中国非常了不起的大学之一，尽管在我心目中，中国最好的大学是杭州师范大学（杭师大）。杭师大教给了我学习的能力、获取知识的能力。清华也很好，但即便是清华，教给你的知识也是永远不够用的，社会上的知识才是取之不尽的。今天，我看到很多清华毕业生灿烂的笑脸，但我要说，30年后，你们能够不忘初心，依然有这样灿烂的笑脸，那才算是成功。

我高考考了三年。第一年数学得了1分，是真的，第二年考了19分，第三年考了89分，但我从来没放弃。我给大家一个提醒和一个建议。提醒是：即便你毕业于清华大学，即便你拥有中国最顶尖大学的毕业证书，那也只是一张纸，只能证明这四年或六年或八年，你的父母为你付了很多学费——这是一张学费通知单，告诉你，你付了那么多学费，花了那么多时间，通过了很多考试。建议是：大家虽然毕业于清华大学，但请你们用欣赏的眼光看看杭师大的同学；毕业于杭师大的同学，也请用欣赏的眼光看看自己。因为这个社会永远充满变化，永远会发生奇迹。

有学会计的同学说，不管你现在多么成功，都得等到最后死的时候才能看清到底是赢了还是亏了。所以说，大学毕业，人生才刚开始起步。我猜很多人毕业的时候可能会很担心，担心以后能找到一个好老板吗？能找到一家好公司吗？或者能当老板吗？我刚创业的时候，天天担心公司能不能活下来；后来，我担心公司能不能成长；到今天公司长大了，我担心它会不会倒下。现在的担心比以前多多了，我们每时每刻都处于担心中。这30年来，我天天在担心，担心自己不够努力，担心自己没预见困难，担心自己没把握好机遇……

30年来，我坚持三样东西，我也希望大家去思考这三样东西对你是否有用：第一，坚持理想主义；第二，坚持担当精神；第三，坚持乐观的正能量。

时代的纠结酝酿变革

这是一个纠结的时代。这个时代充满着怀疑，充满着各种不信任。老师对学生不信任，学生对老师不信任；媒体对大众不信任，大众对媒体不信任；老百姓对政府也有各种不信任。看起来年轻人是无所不能，是什么事情都可以做的，但细想一下，年轻人又什么事情都做不了。这世界看起来缺乏各种各样的机会，但仔细观察，又有各种各样的机会。所以，我觉得这是一个纠结的时代。

恭喜大家来到这个很了不起的纠结的时代！因为纠结酝酿着变革，我们正进入一个变革非常快速的时代。阿里巴巴和马云有今天，就是因为中国前30年的变革。

未来30年，中国的变革会更大，机会会更多。从我这个行业来讲，世界正在从IT时代走向DT时代，IT和DT看起来只有一个字母的区别，但背后的思想、文化和社会的方方面面有着根本的差异。绝大部分人还站在IT的角度看待世界。什么是IT时代的社会学特点？IT是以我为主，方便我管理。DT的思想是以别人为主，强化别人，支持别人。DT思想是只有别人成功，你才会成功。这是一个巨大的思想转变，由这个思想转变带来技术的转变。

年轻人纠结于如今的IT行业被阿里巴巴、腾讯、百度占领了，当年我们刚出来创业的时候，也觉得机会被IBM、思科、微软拿走了。但是，你要相信，变革的时代就是年轻人的时代。30年后，中国企业一定比今天发展得更好，一定比明天发展得更强大。30年后的富人一定比今天多，30年后的文化一定比今天更丰富多彩，30年后的年轻人一定会超越今天的我们。这就是世界的变化！

未来30年，我想跟随大家，因为你们将改变这个世界，请你们把握住这个机会。

企业家要有担当精神

我相信未来，我相信别人超过相信自己。其实，我数学不好，管理没学过，会计也不懂。到今天为止，财务报表我也看不懂。这是真话，我并没有觉得这是丢人的。承认自己不懂并不丢人，不懂装懂才丢人。我到今天为止，没在淘宝上买过一次东西，也没用过支付宝，我不知道该怎么用。但我耳朵竖起来，老是在听别人讲支付宝到底好还是不好。一旦用多了，我就会捍卫自己的产品。如果我不用，我就会永远担忧它究竟好不好。只有担忧才能让我晚上睡不着觉，只有我睡不着觉，这家公司的其他人才能睡着觉。

我看了《中国合伙人》，这部电影很好。但这部电影有个很大的问题：男主人公老哭。创业者是不哭的，是让别人哭。创业者永远相信未来，相信年轻人。如果不相信别人，阿里巴巴的程序就写不出来；如果不相信别人，电子商务的市场就不会做得这么大。

企业家要有担当精神。一直到今天，支付宝依然存在巨大的争议。其实在2004年我们准备做支付宝、做阿里金融的时候，我就知道有一天我们会碰到这样的麻烦，我也纠结过。后来在达沃斯会议上，我听到很多政治家、企业家在谈论"什么是担当"。我觉得他们讲的是对的，对社会发展有利的事情，你就勇敢地担当起来。那次会议结束后，我在达沃斯打电话回公司说："立刻、现在、马上去做，如果出问题，我去解决。"在阿里金融内部会议上，我跟所有同事讲："如果我们对中国金融改革有激活、有创新，如果基于这一点有人要付出代价，我来承担这个责任。"我相信，如果我们真的带着完善社会的希望，激活金融，服务实业，稳妥创新，我们一定会越走越好，社会会越来越清晰地看到我们的作用。

我希望大家坚持乐观地看待问题。我是犯过无数错误的人，阿里在前面15年里至少遇到过100多次灭顶之灾，但是都挺过来了。可以这么讲，我们今天的人比那时候多，我们今天拥有的知识和能力比那时候强，但是，重新再走一遍，我们一定挺不过那些灾难。我们坚持以乐观的精神鼓舞自己，相信这个世界上总有人会成功。我们相信阿里巴巴、相信淘宝能做出来，一定有人能做出来。我们相信有人在花更多的时间学习这些东西，只是看我们是否够运气。这就是残酷的生活。所以，你今天必须很努力，才能面对明天的残酷；你明天必须很努力，才有可能看到后天的太阳。但是，绝大部分人看不到后天的太阳，因为你光努力还不够，还要有运气。运气从哪里来？运气就是自己好的时候多想想别人，自己不好的时候多检查检查自己，我相信会走过来。

永远面带笑容，尽管我内伤很重

这世界上，最有力量的武器就是微笑，微笑可以化解所有问题。我永远面带笑容，尽管我内伤很重。诞生在中国这样的市场环境下，阿里巴巴是一个偶然，也是一个必然。因为市场机制开始运转，因为一帮年轻人相信我，我们才能在市场上做出这样的东西来。

每一个人，都是经历了无数挑战的。很多人说自己没有机会，从来就没赢过。我说你赢过，你出生之前是和几亿个精子赛跑跑赢的，来到这个世界上，你就成功了。来到这个世界后，你又经过无数次考试进入了大学，获得了大学的毕业证书。所以，你已经有良好的基础了。但是，有基础的人未必会赢，今天跑得快的人也未必能走得最远。我从没有想过我这个杭州师范大学的毕业生还可以当经管学院的顾问。所以，大家要记住：今天你最好，未必明天也最好；今天你比较差，但社会给了你很多机会，只要你把握住，只要你努力，总会有赢的机会。

我给大家一个建议：永远相信你的对手不在你边上，在你边上的，都是你的榜样，哪怕这个人你特讨厌。很多年以前，我说："我用望远镜都没有找到过对手。"人家说，你好骄傲。其实他们没有听我下一句话：我用望远镜找的不是对手，而是榜样。你的对手可能在以色列，可能在你不知道的什么地方，而他比你更用功。你获得了清华的毕业文凭，你就不学习了，不读书了，因为你觉得你毕业于中国最牛的大学；而那个人毕业于杭师大，他不断在学习，不断在努力，不断在进取。你想一想，未来会怎样？所以，战胜你自己，这才是真正的英雄！

编者注：

2014年6月29日，清华大学经济管理学院2014年毕业典礼，马云应邀参加并作为演讲嘉宾与同学们分享了自己的经历和思考。

7. 女性就是票房，女性就是经济

中国社会的经济发展正在经历和发生着巨大的变化：从原来的投资、制造、房地产是经济的主流，到未来消费是最大的内需。谁是消费的主力军？女性！

"她时代"的经济更有味道

有一些年轻人曾经问我：人生的幸福是什么？我觉得最重要的是有幸福的婚姻和家庭。有了这个，人生就已经得到及格分了；而事业上的大或者小的成功，是加分项。

我认为女性应该充满自信。今天，世界正在发生天翻地覆的变化。世界五百强里的很多CEO都是女性，女性从厨房走向客厅再走向政界、商界，所向披靡，兵不血刃。

在一个家庭里，女人做的决定绝不比男人少！德国的默克尔总理，一个女人的肩膀担起了欧洲大半的烦恼，了不起！从影视剧里我们也能得到启发，时代变了，从女人演戏给男人看，到如今男人变成"小鲜肉"来吸引女人的眼光——女性就是票房，女性就是经济！

这是一个变化的世界，在这个变化的过程中，谁适应变化，谁就能赢得未来。而女性越来越成为这个世界的主宰。老子曾对孔子讲牙齿和舌头的故事，告诉大家以柔克刚的道理。懂得这个道理的人才能够适应这个世界，改变这个世界。

男人不断地向外去探索宇宙，而女性则善于向内探索人的内心。男人了解世界，女人了解心灵。但是，打动人心就得到了一切。当下的商业世界的逻辑是从制造走向服务，而客户要的不再是笼统的服务，而是体验。体验是什么？体验就是用心去服务别人，用心去做事。因此，女性的机会来了！

回顾历史，一次巨大的变革从开始到完成大约需要50年。互联网革命刚刚经历了前20年，未来的30年，我们会真正进入互联网时代。而互联网时代最核心的一样东西，就是以他人为中心，只有让别人好了，自己才能好。男性为自己考虑多，女性为别人考虑多，女性要考虑父母，考虑孩子，考虑这个考虑那个。女性在平衡事业和家庭方面也做得最好，绝大部分女性都是很好的妻子、很好的妈妈，同时自己的事业也做得不错。所以，在服务型时代，女性乐于为别人考虑的品质、平衡生活与事业的能力都会为自己赢得机会。没有女性，就不可能有阿里巴巴；没有女性，淘宝就没有用户。

女性的机会是自己争取来的

在公司里，无论是男人还是女人，都各自有着自己的特点，有着各种各样的机会。阿里从来没有规定女性员工的占比是多少。我反对女权主义，我更反对男权主义。这是一个慢慢走向中庸的时代。中庸不是一分为二，而是把握住最恰当的点。虽然男女是来自两个不同星球的人，但男女之间必须学会互相配合、互相欣赏、互相尊重。

女性是脆弱的，但母亲是伟大的。因为母亲负责孩子的教育，从某种程度上讲，母亲决定了孩子的未来。我们应该用欣赏的眼光去"雕琢"孩子。说到中国的教育，中国的教是不差的，但中国的育是有问题的。"育"就是父母对孩子的培育，在思想上、行动上、道德上、价值观上、情商上的培育。孩子的情商更多地来自母亲，智商则更多地来自父亲，只有双商都高的孩子才可能有更光明的未来。

女性可以成为任何组织中的一把手，我们公司旗下的蚂蚁金融服务的CEO彭蕾就是女性。一把手一定要有担当。什么叫有担当？就是能承担责任，出现问题的时候，对不起，我来担，这是我的问题。不管男女，都要做到这一点。这个时代没有给女性足够多的机会，但默克尔也好，女性跨国CEO也好，她们的机会不是别人给予的，而是她们自己争取来的。

关于创业，在30岁之前，大家应该跟随一个好领导。30岁到40岁的时候，我们应该考虑清楚我们想要做什么。不是每个人都适合创业，适合创业的人一定是经受过很多灾难、挫折、折磨的人。40岁的时候，要努力组建一支充满理想的队伍。40岁到50岁的时候，花时间在自己最喜欢做的事情上。50岁到60岁的时候，花时间在年轻人身上，因为他们将是你的希望。60岁以后，把时间花在沙滩和老婆孩子身上。

女性创业造就了更加丰富多彩的淘宝，也许五年以后，"她时代"的经济更有味道；也许十年之后，世界将真正进入女性的时代。

编者注：

2015年5月20日，阿里巴巴集团在杭州举办"全球女性创业者大会"，马云在大会上发表演讲。

8. 当你赋能女性的时候，你是在赋能未来

20年前，我在杭州创办了自己的公司——中国黄页，为中国企业建设网站。那时候，了解互联网的人非常少，我们做得非常艰难。我说服了当地的一家宾馆——望湖宾馆，为其建立主页。四个月后，我收到了一封邮件，三位来自美国的女性说她们要到北京参加世界妇女大会，需要订房间。我说，女士们，这家宾馆离北京1000多公里啊！她们说她们并不清楚，这是她们在互联网上能找到的唯一的中国宾馆。会议结束后，那几位女士还是来了，从北京飞到杭州，待了两天。

我不知道这几位女士如今身在何处，但我常常想起她们，感谢她们给了我继续创业的信心与勇气。

与女性携手共进，效率倍增

20年过去了，如今全世界在帮助女性方面的投入急增，进步迅速。如今有许多政府领导人是优秀的女性，将来会有更多。女性的潜能是极大的。

但是我认为,我们需要的不仅是帮助女性,还要做一切我们力所能及的事情来让女性帮助我们。更重要的是,我们需要认识到,与女性为伍,携手共进,会使效率倍增。

人们总是问我,为什么阿里巴巴能够在15年里迅猛发展?人们觉得这是一个奇迹,但我想告诉大家,阿里巴巴发展迅猛的秘密武器是我们有许多女性员工。阿里巴巴35%的创始人为女性,34%的高级管理者为女性,52%的员工为女性。当然,毕竟公司需要男性,我们这些男性仍占据48%的比重,我们还需更加努力。说了这么多,足以表明我非常乐观,未来我们会做得更好。

我相信可以在2030年实现性别平等

当今世界不再以肌肉的多少来判定人的强弱,而是以头脑灵活程度来判定,包括智商、情商、语商、"爱商"在内。

科技的发达使我相信,女性能够做得更好。阿里巴巴平台上有超过1000万卖家,其中一半以上是女性。线上的女性企业家的平均年龄比线下要小15岁。我们发现,男性在经商时,过于关注数字与竞争,以至于使生意过于冷酷;而女性经商使得生意更加有趣、悠闲、人性化与动人心弦,并逐渐成为一种生活方式。

我相信,以我们现在的愿景、能力和资源,可以在2030年实现性别平等。现在我们需要的就是行动,我们需要具体的计划与坚定的信念。让我们在2030年齐聚一堂,来为一个性别平等的世界庆祝。

当你赋能女性的时候,其实你是在赋能我们的未来。

编者注：

2015年9月28日，全球妇女峰会在联合国总部召开。马云作为女性赋权全球企业家领袖会议联合主席、全球企业家代表在峰会上发表演讲。

第五章

我们的
担当

1. 解决好这7000万人的问题，
中国将诞生更多企业家

我们每个人都穷过。30多年以前，中国几乎到处可以看到贫穷。中国人习惯问"你吃饭了没有"，这是因为中国人穷怕了，穷的时候，连饭都吃不上。然而，人类历史上没有一个国家能像中国一样，在短短30多年的时间里，让6.6亿人摆脱贫困！这是一个伟大的创举，一个相当了不起的创举。

没有一个国家和时代敢于提这两个口号

今天，我们看到了一个更了不起的创举，这就是中国政府要在2020年让剩下的7000多万贫困人口摆脱贫困。我觉得这是一个非常了不起的决心。

党的十八大之后，我一直在观察中央政府做出的各项重要举措，有两件事情是需要巨大的勇气和决心才能做出决定的：第一，反腐；第二，全面脱贫。

我们公司拥有几万名员工,我不敢说我们公司没有一丁点腐败。一个国家花这么大的力气,做这么大的努力,全面地打击腐败、树立正气,我想,这个国家承受的痛苦一定是非常大的。但是,因为反腐倡廉,未来这个国家的市场机制将会更加完善,国家治理将会更加透明,这个国家将会走得越来越远、越来越好。为了这些美好的未来,我们必须付出一些代价,不仅政府机构、官员要付出努力,所有企业也应该积极参与其中。所以,浙商总会群体提出"浙商永不行贿",希望大家能够为这个国家的反腐倡廉工作做出贡献。

2020年,让7000万人全面脱贫,这个目标让我为之振奋!作为最先富起来的一批人,30多年来,我们受益于改革开放。未来,我们能够参与到这场伟大的攻坚战中,将是我们莫大的荣幸和福报。人生还有什么比这更好的事情呢?

50岁之前赚钱,50岁之后花钱

一位企业家曾讲,50岁之前赚钱,50岁之后花钱。我们要怎样把钱花出去,才能够帮助更多的人,创造更多的就业机会?

我觉得自己很幸运,50多岁了,依然能够在全世界跑,去倾听、去学习、去思考,去做一些我认为对教育、医疗、环境有利的事情。我感谢我的团队,他们的努力工作使得我在50岁以后依然有机会去做这些公益的事情。

任何一家公司最珍贵的资源不是钱,不是机器,也不是技术,而是创始人和CEO的时间。我现在能够拿出时间去做公益,我个人觉得这是一件特别有福报的事情。我希望所有的年轻人、企业家能够在50岁之前好好工作赚钱，在50岁之后学会如何更好地把钱花出去。不过在这之前，我要给大家一个忠告：一定要让自己的企业好好地生存发展下去。如果你的企业不能好好地生存发展，那么你就需要别人来扶贫，帮你脱贫了。

毋庸置疑，解决7000万人口的贫困问题绝不是一件容易的事情，必须有超常规的思考与路径。我所理解的扶贫、脱贫，可能与一些人的理解不完全相同。以前我们一提到扶贫，就想到要给别人钱，给别人物质，但大家忘记了，脱贫是一个持续的过程。从扶贫到脱贫再到致富，是三个不同的阶段：扶贫，是我们授人以鱼，解决的是一时的问题；脱贫，是我们授人以渔，给的是技术，解决的是长久的问题；致富，则是造鱼池、建鱼塘，营造养鱼的生态环境。

我们应该教会他们造鱼池、建鱼塘和养鱼，我觉得这才是我们这些企业家现在急需去做的事情。企业家在三个方面做得还不错：第一，企业家做事情必须有结果，没有结果的企业一定没有明天，没有未来；第二，企业家做事情讲究效率，别人做一件事只需要10块钱，你却要20块钱，别人只用3天，你却要花上5天，这样根本没有机会；第三，企业家做企业追求公平。从根本上讲，企业是不可能强迫别人一定要这样做或者那样做的，只有公平，才可能实现交易。要让7000万人脱贫，我们必须走出一条不同的路，我们必须走出昨天。

扶贫工作其实并不难做，只要把钱分出去就行了，但如何把钱变成财富，如何让钱持久地转化成财富，是巨大的挑战。我们可以做的事情还有很多，不是说大家一定要去做同一件事情，我们可以从不同的方向去做扶贫工作。

读书不好的孩子不一定没有未来

谈到脱贫，我觉得教育仍然是最重要的，只有加大农村贫困地区在教育上的投入，国家才能实现长久的脱贫致富。

决定一个国家命运的不仅仅是精英阶层和受到良好教育的人士，更重要的是底层百姓的素质。如果底层百姓的素质差，这个国家再好也好不到哪里去。所以，扶贫的根本是扶人，让人能够独立生存，能够懂得未来，能够充满理想。

我相信大家都很讨厌应试教育。看看今天的孩子，书包越来越重，考试越来越多，几乎所有孩子都被应试教育绑架。在我看来，孩子不一定只有读书这一条路，不善于读书的孩子不一定就没有未来。我就是一个不会读书的人。不会读书没关系，但一定要会玩，你可以体育很好、音乐很好，或者美术很好，这些都是使人自信的能力。

在贫困地区，你会看到很多留守儿童，他们的父母参与到中国社会发展的进程中，去了城市，他们跟着爷爷奶奶留在了农村，或者住在了寄宿学校。这些地方缺少足够的教学设施，教育理念也有很大的问题。试想20年、30年后，这些教育缺失的孩子将会对中国社会的发展产生怎样的影响？

在与十几位校长、几十位老师交流的过程中，我看到了巨大的机会。我觉得我们企业家和社会各界人士真的可以为中国的教育做一些事情，帮助一所学校、一个班级，哪怕只是一个学生。农村教育应该是中国教育最大的突破口，现在农村教育系统中最缺的就是"音体美"老师，如果我们能赞助一些音乐老师、体育老师，这些农村的孩子可能就会有一个很不一样的未来。

做公益、做慈善、做扶贫，不是说让我们去做一个又一个大项目，做小项目同样可以产生很大的影响。做公益，不是你给别人多少钱，而是你花多少时间去影响别人，唤醒别人的良知。

解决7000万人的脱贫，是中国难得的机会

中国的电子商务能够发展到今天，阿里巴巴能够发展到今天，不是我们这些人有多聪明，也不是我们这些人有多努力，世界上比我们聪明、比我们努力的人有很多，整个商业基础设施比中国好的国家也有很多，但我们超越了很多人。比如美国的商业基础设施比中国好太多，如果你想在美国做电子商务，你就要先想好怎么跟沃尔玛竞争。但在中国就不需要，我们要考虑的是怎么跟传统零售业竞争，他们以往的路子在今天不适合了。所以我觉得，贫困地区拥有巨大的机会。

中国发展了30多年，解决了6.6亿国人的贫困问题，诞生了我们这些企业家。这就是脱贫创造的财富机会。没有对这6.6亿人的扶贫，就没有中国经济的腾飞，更不可能有我们这些企业家。今天很多人都在抱怨怎么没有机会了，经济怎么越做越困难了，我想告诉大家的是，如果我们能够解决剩下的这7000万人口的贫困问题，我相信中国还能诞生一批企业，还能创造一批了不起的企业家。

什么是机会？机会就是解决麻烦。哪里有抱怨，哪里就有机会。只要去解决这些困难，解决这些抱怨，就有机会。所以，对我们这些企业家来说，7000万人口的脱贫不仅是一份压力，不仅是一份责任，不仅是一份担当，更是一次机会。我们该怎么做，要好好想清楚。

编者注：

2016年8月5日，"加强东西协作　助力扶贫攻坚新路径"论坛在昆明举行，作为浙商总会会长，马云率数百位浙商参加论坛并发表演讲。

2. "双11"的贡献在于发掘了内需

2014年，天猫推出了全球购，这是我们今年的一个试点，我们主要是想为三五年以后全面的国际化做准备。我们现在所做的国际化、平台化和无线化都是在为未来做准备。无线化的目的是让中国农村的农民能够有机会享受城镇的生活，国际化的目的是希望全世界的小企业有一天都能够在网上做全球消费者的买卖。这两个设想我们正在做。平台化的核心想法是线上线下各种各样的商业机构、各个生态系统都能参加"双11"。我估计再有个三五年，到"双11"十周年的时候，全世界都会对年轻人的创造力感到惊奇。今年才第六年，我估计再有四年的准备，国际化就会水到渠成。

上市后的阿里应该怎么走

说实在的，阿里巴巴上市并不是为了钱，阿里巴巴的现金流很健康。我们上市的一个主要原因，是让公司的治理更加透明化，让全世界的股民、全世界的用户来监督这家公司，共同参与建设这家公司。

由于各种原因，阿里巴巴没有办法在中国A股上市。我们希望未来支付宝或蚂蚁金服能够在A股上市，让更多的参与者分享。我觉得这个可能性还是很大的。我想让蚂蚁金服接受全球的监督，让它更加透明、更加开放。

我对股价满不满意？还有没有什么好的题材能够让股价上去？这些问题我并不关注。我确实不能对股价进行评论，我也不想评论。我想阿里不需要什么题材去炒股价，一家公司的真正的股价应该是脚踏实地的业绩、长远的战略和完美的战略实施。

我现在是特别紧张的，我的紧张来自哪里呢？以前大家说阿里巴巴这不行那不行，但我知道，阿里巴巴其实比大家想象的要好，我们没有人家所说的那么糟糕；而今天，大家对我们的期待特别高，但我知道，我们其实没那么好。我们才发展了15年，这家公司还很年轻，做的事情也特别新，员工又都是年轻人。现在我们刚刚上市，人们对我们的期待这么高，说心里话，我的压力是挺大的。

我们要面临的挑战和困难还很多。股价上涨，股民可能很高兴，但是阿里的管理层、阿里的员工，包括我在内，我们还是应该认清我们自己是谁，脚踏实地地做自己，认认真真地把自己手头上的活做好，认认真真地把5年、10年的规划做好。未来还有87年，我们只求今天能够踏踏实实。今天越踏实，未来阿里才越有可能走得更远。

"双11"不再只是价格战

阿里希望能够对整个中国经济做一些贡献。我们觉得外需不是问题，内需是一个突破口。我们很幸运，能够在这个时刻发现了这么一个方法，来挖掘内需。我们更希望未来能够参加城镇化的建设，把农村的需求都挖掘出来。我们也希望自己的技术、这个电子商务的平台能够帮助全世界的小企业，帮助全世界的消费者，帮助更多的中国妇女，让他们在未来三五年内能够买到更多全世界的好东西。

今年的"双11"购物节，天猫已经不是靠价格便宜来吸引大家，而是靠新产品、服务创新来吸引大家。靠打折、靠低价吸引消费者是不能持久的，必须变革。我特别希望，如果有可能，大家每年都来，我们来看看"双11"十周年的时候，我们到底能够跑到哪里，跑成什么样？我们都还很年轻，有些东西永远超越我们的想象。

编者注：

"双11"即每年的11月11日，是指以电子商务为代表的、在全中国范围内兴起的大型购物狂欢日，逐渐成为中国最大规模的商业狂欢活动。2014年，天猫"双11"单日成交总额达571亿元人民币。2014年11月11日晚上，马云来到阿里巴巴总部"双11"新闻发布会大厅，指出阿里未来的第一个试点就是全球化。

3. 向农村！向农村！

年货节是我们为农民打造的一个节日，也是阿里巴巴继"双11""双12"之后开拓的第三个节日。年货节是在延安创建起来的，延安的苹果和大枣是年货节的灵感之源。

我们搞年货节的目的非常简单，让辛苦一年的农民朋友年底有个好收入；让城里人能够买一份家乡的土特产，解一份乡愁；也让快递员腰包鼓鼓地回家过年。我们想让城里的年味浓起来，让陕北的小米和大枣、烟台的苹果、贵州的腊肉等这些特产在互联网上销售，让城里人都来消费。

这些年，大家都富裕了，但过年的气氛不如以前了。大家问，年货去哪儿了？对注重传统的中华民族来说，没有真正的年货，就没有过年的味道。广告词里说"今年过节不收礼"，但我们从2015年开始就应该讲：今年过节要收礼，收礼只收农家礼。中国是一个礼仪之邦，礼轻情义重，过年亲朋好友送年货是中国人的习俗。

小时候，我们在课本里学到，中国"地大物博"。但是，我们不能光知道中国地大物博，还得让城里的消费者知道中国的农村有相当了不起的产品。购买这些产品，本身就是支持家乡的发展，支持农村的发展。农民非常辛苦，心里也很苦。在我的家乡浙江，如果橘子丰收，农民掉眼泪；

如果橘子歉收，农民也掉眼泪。如果有一年橘子卖好了，大家就一哄而上扩大种植，结果第二年又卖不出去了……

贫穷，不是因为农民不勤奋，而是因为农业文明和商业文明没有同步协调发展，农业文明没有跟上商业文明的发展。贫困，也不是因为贫困县、贫困村不努力，而是因为发展的模式没有跟上。

从"农民工"到"农民商"

国家已经提出了到2020年要确保贫困人口如期脱贫的目标。这是中国几千年历史上从来没有达到过的目标，很多人想都没有想过。反腐和全面脱贫，这是本届政府提出的最高难度的目标。既然提出了，全国人民就要共同努力，我们阿里巴巴作为互联网公司，能参与其中，通过创意、创造、创新去实现这个目标，也是倍感荣幸。

幸运的是，在我们这代人身上，全面脱贫有了可能性。由于技术条件的成熟，农村的手机普及率达到了80%以上。再偏远的地区，手机也能把你和世界联系在一起。过去，要想富先修路；现在，要想富，先要"修电子商务"，这个"修"是"修炼"的"修"。

30多年前，家庭联产承包责任制解决了土地上种东西归谁的问题。现在，农村电商要解决的是这片土地上生产的东西卖给谁的问题。农民知道把农产品卖给谁，是农业现代化的关键第一步。

计划经济和市场经济，都没有彻底解决农民产销的问题。大数据是一种新的细化下的市场和市场下的细化，提前做预售数据分析，农民可以做到有预见性地生产，农业可以做到有计划地配置资源。加上智慧物流业、互联网金融的支持，这才是农村产业化、农业现代化的真正实现。

我们坚信，"公益的心态、商业的手段"是最有效的农村扶贫的发展之路。

这将是一次农村电子商务和新农村现代化的启蒙。八亿农民消费和农业现代化的启动，是中国产业转型升级的又一个方向和爆发点。我本人认为，未来10～20年，农业机械化、农业现代化、农村信息化将是中国经济发展的一个重要亮点。农业现代化必将是中国经济发展的一个重要增长极。

这是新一代农民的机遇。上一代的中国农民，很多人背井离乡到了城里，很多人做了"农民工"。现在，农民不需要抛弃土地就可以当"农民商"。这不仅仅是一字之差，新一代的农民正在用大数据、用互联网决定明年种什么、怎么种、卖给谁，正在用创意、创新和创造来改变命运。

我们骨子里都是农民

我们相信，年货节后的一年，至少会有100万在外打工的农民工回家创业。其实现在已经有很多农民回到了农村，开始用移动互联网卖各种各样的农产品。

今天，中国已经有成千上万的年轻人离开了建筑工地，加入了快递业大军。不久的将来，我们相信新农村现代化的发展将让土地更加增值，很多年轻人会回到农村做新型农民、创业农民、产业农民，他们将是未来新乡村的缔造者。

我非常尊敬袁隆平先生，他把水稻亩产做到了千斤。我们希望通过互联网的手段，通过我们这代人的努力，把财富亩产做到1000美元，让土地成为农民真正的财富来源。

我相信，有很多人是在农村长大的，有很多人在农村有亲戚。其实，每个人的家园都在农村，每个人心里面都有一个世外桃源。

我们骨子里都是农民，心都是扎在农村的。农村总有一天会回到它原来的样子，绿水青山。我们要留住绿水青山，留住蓝天白云，我们需要这样的现代化，而不只是工业化时代的城镇化，我们需要新时代的乡村化——随时能给我们的内心带来淳朴的家乡味、家乡情。农村电商一定能够让我们早一天看到现代农村的"桃花源"！

我想说，"双11"是属于网民的节日，而年货节是属于农民的节日。只有让农民富起来，去解决8亿农民的生活问题，去解决他们的致富问题，用商业的手段完善社会，用商业的手段解决贫困问题，中国才会有更多的机会、更多的希望、更多的未来。

我相信，经过我们10年的打造，中国年货节能够给全国各地的农民，给每一个创业的城镇和农村的年轻人带来巨大的机会。

编者注：

2013年9月，阿里巴巴宣布推出"千县万村"农村淘宝计划，在全国各个行政县、村招募村淘合伙人。在2014年天猫"双11"购物狂欢节上，农村淘宝交出了一年的答卷：覆盖170余县，超过8000个行政村，拥有超过8000名合伙人。村淘在"双11"当天成交额超过了3亿元人民币。12月23日，阿里巴巴在延安宣布首届阿里年货节启动。

4. 消灭阿里容易，消灭假货难

过去几年里，我们付出了很多，也有不少成绩。2015年，我们给"双打办"①提供了几千条售假团伙的线索，协助警方抓了700多人。十来人的团队用大数据技术支持上万警力办案，破获案值超过30亿元的售假案，非常了不起！

从1999年公司成立开始，我没有缺席过任何集团层面的有关打假、知识产权的会议，今后也一样。集团其他会议我可以不参加，但打假的会议我必须参加。打假这件事，我们将不惜一切代价、不惜一切成本地去做。阿里巴巴要成为未来商业的基础设施，治理假货、打击知识产权侵权是基础设施的基础，也是维持网络商业生态的根基。

我要申明，我们在打假和知识产权保护上的投入不封顶。打假团队、知识产权保护团队特殊化，将再增加300人。如果还不够，那就再增加。

---

① 双打办：全国打击侵犯知识产权和制售假冒伪劣商品工作领导小组办公室。

淘宝是"中国制造"的一面镜子

我们有没有想过，为什么要打假？要明白，我们不仅仅是在为阿里巴巴打假，我们还在为我们的后代打假。众所周知，我们面临的假货问题并不只存在于电子商务领域。如果一个社会充斥着假话、假文凭、假球、假新闻、假唱，自然而然也会有假货。

假货是对整个中国社会的伤害。没有一件假货是我们生产的，没有一件假货是我们不想让它下架的。之前因为阿里严厉打击假货，在广东卖假货的人，在香港时代广场给我马云设了四天灵堂！

消灭阿里巴巴容易，消灭假货难。如果把天猫、淘宝关了，中国从此无假货，那我们马上就关。问题是关了没用。麻婆照镜子，把镜子摔了，麻子一样还在脸上。互联网就是中国社会的一面镜子，淘宝就是"中国制造"的一面镜子。

我们绝不能让下一代认为，不诚信、抄袭别人、剽窃别人的人也能够发财。这是不对的，这是贻害子孙后代的！如果那些有知识产权、有专利、有创新想法的人不能够成功，小偷、强盗却能够暴富；如果这个社会无视剽窃，人们都在使用假的东西，那社会怎么会进步？国家怎么会富强？我们怎么会成功？设想一下，如果你的想法被人剽窃了，而社会没有监管治理的制度去惩戒，那你是否还会坚持创新，你是否还会这么努力？

打击假货不只是阿里巴巴的事情，还关系到我们的下一代，关系到整个社会的生态发展。假货带给我们最大的伤害就是到了最后，不诚信的人比诚信的人得到的要多，假货让创新没有了价值。这是对国家和民族最大的伤害！

用技术承担起打假的责任

当年，一个王海就能造成那么大的打假风波。阿里巴巴有3.5万名员工，团结起来，用我们的技术、用我们的智慧和创新能力，我相信我们一定可以做得更好。

打假团队、知识产权保护团队面对的问题，相当于一个法院的知识产权庭的法官面对的问题。法官不可以轻易下判断，如果他不够专业、不够投入，不站在公平正义的立场上看问题，那是绝对不合格的。我希望阿里巴巴的团队里，能有像知识产权庭法官这样的专业人才。今后在知识产权的论坛里，在知识产权的经典案例里，要有与阿里巴巴有关的经典案例。

任何时候，问题越大，责任越大，机遇越大。我们不要小看今天的工作，如果阿里的打假工作、知识产权保护工作做好了，得到了全世界的承认，那么这个团队应该有资格去获得诺贝尔奖。因为我们消灭了一个巨大的障碍，这个障碍过去还没有人消灭得了，它会阻碍一个时代、一个社会、一个国家的进步。

不过，我并没有那么乐观。很可能我们这一辈人没有办法做到彻底消灭假货，但是，如果我们不下决心去做，不认真去做，不投入去做，不培养一批打假的专家，那我们就更没有机会了。

不要纠结于搞清是谁的责任，只要是假的，我们就要一查到底、追究到底。我们有很多理由埋怨，有很多理由委屈。比如说，实名认证的银行卡是花钱从银行买来的，线下工厂就在工商局的眼皮底下，在别的平台谈妥，在淘宝上用一个补邮费链接完成交易。这些看起来都不是我们的责任，但我们必须把这个责任承担起来。

做打假领域的国家队

这么多年来，用传统的手段、机制和措施打假，打而不绝，还被认为越打越多。是时候让互联网公司来试试了，让我们用互联网的办法，用大数据的技术来解决问题。

阿里巴巴的电子商务占据整个中国六成多的市场，我们必须承担起这个责任。我们要启动整个中国最专业的打假团队，不仅要打阿里巴巴网站上出现的假货，还要打线下的假货，甚至打其他平台上的假货。不仅我们几百个人的打假团队要做，集团的所有人都要加入进来，还要联合社会力量一起来做。

别以为把假货从我们的平台上下架，我们就尽到责任了。过去我们想尽办法把假货赶走，但是这样够吗？我们知道，假货在其他地方可以继续生存，而且生存得更隐蔽。仅仅把假货从阿里巴巴赶走，是对消费者的不负责任。要让假货没本事跑到友商的平台，才是真正对社会负责任。我们要让假货根本没有渠道销售，根本无法生产——总会有人盯上他们。

整个商业是一个生态系统。比如说要治理好雾霾，就要从整个格局看问题，而不是光治理一个区县、一个城市。打假是同样的道理。这么多年来，假货并没有被打光，反而"越打越多"，这说明老办法不灵了。老鼠那么多，你是打不光的，只有把老鼠生存的环境破坏掉，才有可能彻底消灭老鼠。希望大家认真思考，要有战略，要有使命，要有具体的战术；要有智慧，要有勇气，要有担当！

如果我们只组建一支打假阿里队，我们最终是不可能成功的。我们只有成为打假中国队，从全局来思考问题，才有可能成功。

阿里成立的时候有一句话，叫作"此时此刻，非我莫属"。我希望阿里的打假团队能够成为中国乃至世界上最棒的打假、保护知识产权的团队。

与人性的阴暗面斗争

假货就像病菌一样存在于我们周围的空气里，跟假货做斗争就是跟人性的阴暗面做斗争，这是一场永久性的战争。我们不会因为害怕病菌而拒绝空气，也不会因此放弃跟病菌作战的努力。

与假货的斗争，实际上是人性之间的斗争。假货是人性的贪婪所致，这是人类永远无法彻底摆脱的一场战争。有的人总是希望快速发财，还有的人总是希望不付出代价就能发财——人性本身就有这些阴暗面。每个人都要把那些不守信、剽窃别人、做假货、炒作信用的人坚决清理出去，将他们绳之以法。

我相信绝大部分卖假、造假、制假的人并不想一辈子这样下去，他们是因为旧有的商业模式、商业环境和贪欲，才选择了这条错误的路。我们要倡导那些诚信的人行动起来，帮助那些努力的人成功。支付宝能有今天，就是阿里巴巴在那时候让诚信的人先富起来，支付宝让信用等于财富。

我相信，只要我们能帮助人们培育起"诚信等于财富，创新等于财富"的价值观，让每一个有信用的人、有创新的人成功，那么我们现在要打击的绝大部分人，都愿意走到正道上来。

编者注:

阿里巴巴的电商平台已经拥有4.23亿消费者、上千万卖家以及10亿量级的商品，这使得阿里巴巴在打击全球假货贸易方面一直处于至关重要的位置。为了加大打假力度，2015年12月，阿里平台治理部宣告成立，郑俊芳女士出任平台首席治理官。两周后，苹果公司前法律顾问马修·巴希尔（Matthew Bassiur）出任阿里巴巴集团副总裁兼全球知识产权主管。2016年3月8日，阿里平台治理部举行誓师大会，马云发表演讲。

5. 阿里巴巴对侵犯知识产权行为零容忍

  阿里巴巴2014年上市的时候，我告诉我们的用户、员工和投资者，今天我们融到的不是钱，我们融到的是信任，是客户的信任、时代的信任、投资者的信任。每一天，世界都在关注我们能否坚守我们的信诺，所以我希望大家能够对得起这份信任，对得起我们自己内心第一天的梦想。

  作为一家被全球关注的公众公司，接受和坦诚回应各界的质询是我们的责任。但是今天，当我看到媒体对我说的话断章取义、偏离事实的时候，我觉得我有必要更加清晰地表达自己真实的观点，这也是对所有人负责的态度。

  我跟投资者分享了我们自己观察到的一些正在发展的趋势，我们发现，品牌商和他们的代工厂之间，品牌商和他们的既有顾客之间的关系链正在发生转移和变化。

  首先，由于西方需求的疲软、出口的下滑，每天我们都看到大批中国出口加工企业因为客户订单的减半而面临生存危机，痛苦挣扎，他们在工厂设备、原材料和人员上的大量投资是他们所有的身家和事业所在。他们必须找到新的生存之路。

  另外，电子商务的快速发展，给了这些加工制造企业一个面向国内市场销售的巨大机会。大部分加工制造企业已经开始在用互联网开创自己的品牌，他们正在聘请优秀的设计师，打造互联网的品牌和与消费者直接沟通的电子商务渠道。

这就是我要表达的真实观点，以及想分享与提醒大家的：这些新的基于互联网成功的企业，正在给那些基于传统、成熟的零售商业模式的品牌商带来巨大的冲击。这就是现实。

阿里巴巴绝不姑息纵容而是坚决打击假冒商品，品牌商和其知识产权必须受到保护。阿里巴巴的使命是支持那些创新和投资自己品牌的生产商。我们对侵犯他人知识产权的行为采取零容忍态度。

我们坚信，品牌和知识产权必须得到保护。无力保护原创设计、技术和商标无异于对剽窃的支持。这不仅对品牌方来说是有害的，对交易平台的诚信来说也危害深远。我们现在不会，将来也永远不会容忍、姑息任何剽窃行为。

客观理性地讲，阿里巴巴已经是当今世界打假战线的领导者，我们投入了前所未有的技术、资金和人力用于我们的打假工作。我们不仅仅在线上跟假货作战，还联动各方面力量，推动对线下假货的生产和流通通道的打击。阿里巴巴强大的数据处理和分析系统使我们能够实时扫描超过1000万件新上线的商品，我们清晰地了解每件商品的属性，譬如商品商标、价格、地理位置、消费者的消费习惯、消费者反馈。事实上，我们每收到品牌商的一个产品下架需求时，我们的系统早已经主动下架了8个。

但我们不要忘记，这将是一场持久的战斗，而且没有任何捷径可走，因为这是和人性的贪婪做斗争。跟回避这个问题比起来，我更愿意讲真话。

阿里巴巴建立了全球前所未有的网上商业平台，目前这个平台还在以惊人的速度发展。在这个平台上，我们追求并推动品牌方和厂商能够与消费者进行直接的对接、交易，并确立良性的互动关系。这个平台越来越受到海量的消费者的喜爱，因此也吸引了无数小而美的商家和众多的国际性大品牌积极参与。这是各方客户对阿里巴巴的信任，我们有责任让这个平台更透明、公正，充满效率，让平台上的每个参与者的利益都受到保护。我们每天都在努力地保护消费者免于假货的侵害，努力和品牌商、监管机构及其他行业的合作伙伴分享我们的技术、经验，以及我们为保护知识产权所做的努力。

这就是我在这件事情上的立场。阿里巴巴会毫不犹豫地保护品牌商的知识产权，因为这是品牌商多年创新和投资的结果。同时，我也有责任告诉我们的商业伙伴，这个世界正在发生令人惊叹的变化，但我们有机会一起在浩大的变化中适应需求，持续快速地引领新的潮流。

阿里巴巴所做的一切，都是为了实现这家企业发展102年的长远目标，而要实现这个目标，就必须基于真实可靠的原则。阿里巴巴的使命是让天下没有难做的生意，只要有助于大家判断未来，只要我们能看到趋势和潮流现象，我们就会清晰而坚决地讲出来，与大家分享。

编者注：

2016年6月23日，马云在《华尔街日报》上发表署名文章，表明阿里巴巴打击假货的坚决态度。

6. 浙商应当坚守"四个不"

一家企业没有经历过残酷时代，经不起风浪

我挺反对职业经理人掌控公司的。七年前，我们设计合伙人机制，为了说服大家，我举了一个例子：职业经理人跟企业家的差别就好比大家都上山去打野猪。如果职业经理人开了枪以后，野猪没被打死，冲了过来，职业经理人会把枪一扔就跑了；而如果企业家也没打死野猪，看到野猪冲过来，他会拿起柴刀冲上去。真正的企业家是没有什么畏惧的，他们不是被培训出来的，他们是从市场上商海中一路打过来的。

"春江水暖鸭先知。"对于经济形势，企业家是有直觉的。当前的经济形势确实不好，所以作为野生动物的企业家才要练内功。

我想先告诉大家一个坏消息，当前经济形势非常不好，而且可能会持久不好，但我也要告诉大家一个好消息，那就是大家都不好。其实也没什么好紧张的，既然大家都差不多，经济形势好跟你就没什么关系；反之，经济形势不好，也跟你没什么关系。因为好形势下，烂企业多得是；坏形

势下，好企业也多得很。中国绝大部分好企业都不是在好的经济形势下做出来的。因为我不懂技术，不懂管理，不懂财务，所以我专门研究一家企业在生长过程中，哪些灾难是一定要经历的。

我对企业失败的案例尤其感兴趣。经济形势不好的情况下，你会发现80%～90%的优秀企业都经历过三到四次非常残酷的失败。一家企业如果没有经历过残酷的时代，没有经历过内乱，没有经历过外斗，没有经历过阵痛，那它是经不起风浪的。

所以，股市好的时候，赚钱的千万别把自己称为投资者，那是炒股；股市不好的时候，依然赚了钱的才叫投资者。当街上的老太太都能在股市里赚钱的时候，你把自己称为投资者，我觉得不太合适。

那么，为什么经济形势确实不好呢？从最近的形势来看，美国在加息，估计还会再加息，资本外流非常厉害；人民币贬值，股市震荡，出口负增长，投资乏力，产能过剩，实体不振，大宗商品价格暴跌，企业家信心不足，新兴国家经济放缓，环境容量也达到了极限……几乎没有一个人觉得自己日子好过。

但是，大家要记住，改革是不可能在好的时候进行的，改革是被逼出来的，创新也是被逼出来的；在今天经济形势不好的情况下，改革是到了非改不可的时候。但是，改革也不要等中央政府下发一个文件才开始。

我不是自吹，阿里巴巴不是等中央下发文件说赶紧做电子商务吧，我们才做出来的。中国很多好的企业都不是说等出了某一个文件才去做的。事实上，一旦中央下发文件说要发展某个产业，你进去后死的概率反而是90%。因为千军万马过独木桥，你一定会死，所以企业家的眼光判断是极其关键的。

经济形势不好的时候，大家切记要冷静。我经常用一个故事提醒自己：暴风雨来临之前，有三个人要去同一个地方，第一个人有把很好的伞，第二个人有件很好的雨衣，第三个人什么都没有。暴风雨来了以后，有伞的人和有雨衣的人无所顾忌地出发了，但等那两个人到了目的地，一个摔坏了腿，一个摔坏了腰；可看看那个没有伞和雨衣的人，他只是花时间躲了两个小时，活动活动筋骨，等雨停了之后再跑出来，他竟然是安全的，也是最先到的。我们要把理性和感性结合起来用，这些道理大家都懂，做起来却挺难。

改革开放之前，中国的GDP和非洲最穷的国家也差不了多少；中国国企改革之前，85%的国企是亏损的；中国金融体制改革之前，四大银行基本上都是负资产。现在，全世界最大的银行都来自中国。中国这次供给侧改革，是因为产能过剩非常严重，不改不行了。那互联网产业好不好？我们也如履薄冰。

说到创新，大家都在创新，未来一段时间我认为经济的减速状态会持续，而且未来五到十五年内，我们国家能够扛住5%的经济增速已经相当了不起了，因为我们是世界上第二大经济体，即使增长3%～5%，有些行业的增长照样是双位数，甚至有20%～30%的增长，当然也有一些是负增长。事实上，这个时候有些局部的负增长并不是坏事。阿里巴巴有一个很重要的考核指标跟别的公司不一样，我们有些部门是以增长率来考核的，有些部门考核的是今年5000人做的事情明年3000人就做成了，就要奖励，至于增长，可以不在乎。精兵简政很重要，而有些部门确实不需要了，关掉就要奖励。因为我们要思考清楚，在公司内部，哪些业务必须拿掉，哪些模式一定要改，哪些部门必须shut down（关门），有些手术必须是你忍痛也要动的。因此，未来五年到十五年，我越来越看好中国经济。为什么？这跟今天中国所做的改革有关。第一，反腐败为市场经济走向更加透明、更加规范化打下了一个基础；第二，扶贫是一个巨大机会。

政府对经济的影响力，在未来五到十五年会越来越弱，这意味着什么？意味着市场的力量会越来越强，企业的力量会越来越强。只要你这家企业能够创造价值，并且持久地创造价值，你就有可能在市场经济中活下来。

今天很多企业的痛苦，一方面来自全球经济下滑的影响，另一方面，未来十年到十五年，当企业越来越走向市场机制的时候，你的机制不适应，你的文化不适应，你的人才不适应，你的组织不适应，那你就会死得很惨。

转型一定是有代价的，就像拔牙一样，一定会痛。但这个病你不治疗，就会天天痛，虽然不会痛死人，但会搞得人痛不欲生。改革带来的阵痛，大家要有心理准备和容忍度，要扛得住。大宗商品价格一定会往下掉；落后的产业一定会关停并转；以前卖得出去的东西，今天就会卖不出去，这个压力是实实在在的。

没有哪一家在顺风顺水中长大的企业是能够经得起长久考验的，要想经得起长久的考验，就要折腾自己，不要去折腾市场。我们强的时候去折腾市场，形势不好的时候折腾自己，蛮好的。

企业出现危机，考验的是CEO和企业文化

第一是考验CEO，第二是考验企业原来设定的文化是否扛得住。CEO主要有两件工作，形势非常好的时候一定要做判断，什么东西是不好的，哪些危机是必须消灭掉的；形势不好的时候，员工和市场一片悲哀的时候，CEO要找出好的机会在哪里，让员工充满信心。这是CEO的第一职

责，只有领导者才会做这样的事情，职业经理人是不会思考这些问题的。

这就要求企业的CEO具备眼光、胸怀，还有实力。

第一是眼光，眼光是看问题的角度、深度和广度。在经济困难的时候，当企业面临困境的时候，所有的老板都应该静下心来回答一个问题：当初你为什么要做这样一家企业？当初你看好的那些东西今天还在不在？你今天看好的是什么？你相信的是什么？不是说别人说这个行业很好，竞争对手在做这个，政府在鼓励做这个，你就做，而是你到底有没有想明白这是不是你想干的，就算死也要死在这条路上。只有把这个问题想清楚了，你做了你所热爱的事情，你做了你所相信的事情，你把相信你的人、相信你做的这件事情的人集聚在一起，你才有机会，你才有能量。

第二是胸怀。在变革的过程中，年轻人成了一支很重要的力量，但年轻人的想法可能真跟你不一样，所以我们对年轻人，应该学会倾听。虽然有时候年轻人未必是对的，他讲的很多话跟我们讲的不一样，但对你而言，这就是开阔思路。这个胸怀很重要。

第三是抗击打能力，既不要盲目乐观，也不要盲目悲观。这十年来，我们每逢年底和年初都要说"难"，阿里的员工已经习惯了，2003年说2004年越来越难，大家准备好；2004年说2005年越来越难，还是要大家准备好……确实，你只有看到最艰难的东西，才能保持客观冷静，这是对的。如果你没有看到未来的困难在哪里就沾沾自喜，你的乐观就是盲目的。企业家要非常明白，你这个行业的什么东西会让你死。

阿里巴巴跟其他企业的区别在哪里？我们花很多时间去考虑公司内部怎么改革，以适应未来。

2012年，阿里做过一个预算，2013年所有指标、利润、收入翻一番。2012年，淘宝、天猫如日中天，我说我们必须翻一番，其实我心里知道，我不说也会翻一番的，但翻一番的基础是什么？当时，我请大家做一个"人"的预算，翻一番要招多少员工？那时候，阿里总共已有两万多名员工，做出来的预算说如果要翻一番，需要再增加8700人。我说不行，不能接受；第二次重新做计划是7800人，我仍然不能接受；最后一次缩到5000人，我还是说不行，只能200人！超过200人，所有员工，包括管理层，包括我在内，统统没有奖金，没有年终奖。最终的结果是什么？所有的指标翻了一番还多，而新招人数只有将近300人。这说明，改革就是逼出来的。

办法是要想出来的。因为你把门堵住了，员工就会想尽一切办法在技术上完善，在产品上完善，在制度上创新，否则他们做起来就很简单，加人、加原材料就是了，可那就乱套了。

所谓改革就是改革自己

要在正确的时间做正确的事情，现在的机会还是非常多的。

第一是消费的拉动。今天中国所处的消费市场的位置在世界上是独一无二的。我希望大家重新审视整个中国的消费市场。只有懂得了中国市场和市场规律，你才有可能做起来。比如，在美国用得好好的东西，到中国来有时候反而不灵了。美国人是花明天的钱，花人家的钱，中国人是花昨天的钱，花自己的钱，两个市场是完全不同的性格。

再比如，我发现很多企业，尤其是跨国企业，他们经常给高管加工资，但是中国企业一定要给普通员工加工资，这是倒过来的。高管加工资，你一个月给他加五万、十万块钱，他其实是没有什么感觉的，他觉得我反正就挣两百万；但是你给普通员工加3000块钱、5000块钱，他会非常感谢，而士气就是企业的战斗力。

还有一点很重要，中国人一天到晚研究美国，但我们更需要研究自己，研究中国这个独特的市场，研究它的市场规律。我认为了解了中国人的人性，了解了中国的市场，就可以找到机会。

有人抱怨互联网经济，其实根本不用抱怨。你抱怨，它在；不抱怨，它还在，而且它长得越来越快。大家说实体经济不好，但是，这次参加"双11"购物节的商家中，75%是新的实体经济，他们这些公司完全按照消费者的需求来生产，特别是年轻人和新兴群体的消费需求，这些新生代创造出来的需求以前都没听说过。所以，新实体、新消费正在诞生，不是实体不行了，是你自己的实体不行了；也不是零售不行了，是你们家的零售不行了。

第二是改革的风口。中国现在所处的改革阶段千载难逢，特别是反腐败，还有全面脱贫，这是我们巨大的机会。在过去的1000年当中，中国的GDP有800年是领先的，但也有两百年是落后的。就是因为改革开放，我们用30年就回到了世界第二。到了今天，我认为市场倒逼改革的压力是难得的，但是不要等待改革，而是要创造改革。创造改革很重要的一点是从自己的企业开始创造起来，从自己的企业开始改革起来，不要等。

第三是科技的风口。过去20年，互联网公司很风光，但是20年不能说明什么问题。第一次技术革命，从蒸汽机发端到完成有50年时间，前20年是技术革命，后30年是技术应用。第二次以能源驱动的技术革命也是这样，任何一场技术革命，都是后面30年才真正发力的。

今天我想告诉大家，20年的互联网公司，刚刚过了21年，后面的30年，不管你是"+互联网"也好，"互联网+"也好，变革都势在必行，并且远远超出大家的想象。

未来30年，商业的模式是什么？跨界、小组织、快速文化创新……组织架构在发生很大的变革。

但中国企业不用太担心，因为在座的浙商的企业，绝大部分发展了10～15年左右，如果已经是100年或者80年的企业，那改起来是非常痛苦的。

今天，在DT时代，所有的企业都是透明的、分享的，所有的企业都必须是创新的、独特的，原因是什么？因为消费者要求你透明，消费者要求你分享，消费者喜欢的东西是创新的、独特的，如果你不是一个以消费者驱动、以客户驱动的企业，基本上要做死。

所以，一切围绕客户，围绕消费者去转，这个企业在21世纪才有机会。所谓改革就是改革自己，适应未来，适应消费者，适应需求。

还有一点，未来的世界不会建立在规模经济上，不会建立在金钱、权势和力量上，而是建立在知识、智慧和创新上，而且很多问题是在发展中解决的。比如交通工具，以前大家用马车，马路上就会有很多马粪，大家就讨论怎么解决马粪的问题，要有人去捡、去扫。汽车出现以后，马粪开始减少了，当大部分人的注意力还在马粪上的时候，少部分人把注意力放在了汽车上，于是围绕汽车生态的产业圈慢慢建立起来……很多公司需要想一想，未来是什么。

对任何东西都要有前瞻性的思考，为未来改革今天才有意义。

今天，大家思考一下，如果你在十年以前，什么事情今天做会不一样？同样的道理，你站在十年以后思考现在，我这家企业必须做什么事情，十年以后才有机会？你越不知道明年怎么过的时候，越要思考五年以后、十年以后。

21世纪，企业一定要高度注重组织变革，组织、人才、变化，经济不好的时候，就要在这些方面练内功。当年，毛泽东在延安做了三件非常重要的事情：第一是建立抗日军政大学，用以培养干部；第二是开展延安整风运动，以统一价值观和使命感，重塑理想主义；第三是南泥湾开荒，要先活下来。今天，在经济形势不好的情况下，企业也要思考这几个问题。

首先，要用理想主义继续保持对未来的乐观，想清楚你这家企业要做的什么事情是别人做不到、做不好的。其次，要重新培训管理层和员工，因为好的时候，大家是靠市场和运营；不好的时候，冷静下来，要学习管理，重新整理人才，把不好的人请出去，把好的人请进来。这时候加入公司的人往往是想清楚了才来的。

再说南泥湾开荒，请大家在困难的时候守住自己的一亩三分地，把产量搞好！

企业永远要把资源放在可以听见炮声的第一线上，只有第一线的员工创新的速度越快，创新的成本越低，你才有可能赢。

浙商"永不行贿"

浙商这个群体，我觉得是很了不起的！遇到困难的时候，大家会坐在一起商量怎么办、怎么做，非常团结。

我认为，未来的非政府组织（NGO），如非政府商业组织的发展会越来越好。但商业企业必须自律，必须有自我管理，要有自己的生态系统，要了解行业趋势。以前是政府制定规则，我们跟着走，今后是我们自己制定出规则推荐给政府，建立未来我们的行业体系。

我希望在浙商总会，有一批有底线、有目标、有理想的人团结在一起。作为一个商会，我们确实没有太多经验，我们要向一些地方商会学习。我们要团结在一起，做好服务，做好对行业和企业的判断。同时，我有一个提议，我希望加入浙商总会的企业能坚守"四个不"，"四个不"的基本纪律就是我们的底线。

第一，不行贿；第二，不逃税；第三，不欠薪；第四，不侵权。

我也建议浙商建立一个应急机制。现在经济形势不好，有时候出一点问题，整个公司就乱套了。一旦浙商总会的某家公司出问题了，就启动应急机制，由总会派出的人来帮助他们决策并提供必要的帮助，在资金、政策、法律、控制管理各个方面提供援助。这需要我们建立一个机制，逐渐地把一个商会组织变成优秀的行业商会。这条路会很长，我作为第一任主席，希望通过这个共同的目标先将大家凝聚起来。

我们努力给政府提出好的建议，才能建设出具有中国特色的商会组织。在日本、韩国，优秀的商会很多，但商会必须跟国家经济、世界经济的命运融合在一起，在商言商。

最后再讲一点，浙商应该多学习，多思考，多走出去，投资自己、投资自己的员工。

我觉得中国的企业家，包括我在内都算比较土的，而且层次比较低，有时候还比较俗。我满世界跑，在见过很多企业家之后，我发现老板的品位有多高，就决定了员工的品位有多高，而员工的品位有多高，就决定了产品服务的质量有多高。请大家多出去走走看看。我组织了阿里巴巴最大的团队去达沃斯开会，让他们看世界，看全球的企业家在谈什么，看人家的境界和眼光与我们自己有什么不同。虽然不一定能做成什么生意，但是对你之后的管理、决策一定有帮助。未来的企业很少是本地的企业，不管你愿不愿意，地球就是一个村，而且未来的企业，谁越能解决社会问题，

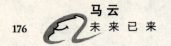

越能担当，成功概率就越大。

编者注：

2016年1月10日，作为浙商总会会长的马云在浙商总会"2016浙商经济形势分析研判会"上发表演讲。

7. 如果地球病了，没有人会健康

有朋友听说我要来参加气候变化大会，说我疯了，为什么放着那么多事不做，却跑到巴黎来做这事？在中国，每当有人对我不满意，或者觉得我疯了的时候，就说我是外星人。

如今北京的雾霾特别严重，这几年我的亲戚和朋友也有人被癌症折磨，有人说这都是环境变坏所致。每当我想到这些，就希望自己真的是外星人，可以逃回我的星球。但是很可惜，人类只有一个地球，我们没有别的地方可去。

环境问题是人为的，必须由我们自己来解决

环境问题不仅仅是政治家讨论的问题，也是我们所有人的责任。今天，我们已经没有选择。

我13岁去一个湖里学游泳，水很深，我差点淹死。5年前，我再回到那个地方，湖水已经基本干涸。大家知道中国人最喜欢在社交媒体上分享什么图片吗？是蓝天。看到蓝天，我们兴奋得不行。我担心50年之后，孩

子们会问我们什么是珊瑚礁，什么是大象，什么是老虎。有一天，它们都可能会像恐龙一样消失，我们的后代可能只能通过标本或者视频来了解它们。

约翰·肯尼迪说过，我们的问题是人为的，所以可以由人来解决。我想说的是，我们的环境问题是人为的，所以必须由我们自己来解决。我想我们这一代人，从自然能源中受益许多，现在也从中受苦。所以，我们这一代需要做出的弥补也应该是最多的。

但是有人会问：那么为了环境，就不发展经济了吗？商机总是出现在抱怨最多的地方。如果昨天我们还把气候变化当成我们面临的困难，那么从今天起，我们就应该把这一切当作机会。

创新是逼出来的。如果我们迟早都要改变自己去适应变化，为什么不提前改变，分享改变，形成标准？

10年前，阿里巴巴的年轻人算过一笔账：10笔电商交易要消耗的能源可以煮熟4个鸡蛋。现在，他们已经让这个能耗下降到煮熟1个鸡蛋。他们做了很多创新，比如通过深层地下水来天然降温，可以节省服务器60%的能耗。今天，这成了阿里巴巴通过技术创新获得的竞争能力！

有人认为，发展和保护地球是一对矛盾。我认为，做正确的事和正确地做事不是矛盾的。这不是我的问题或你的问题，不是我的责任或你的责任，而是我们共同的责任。政府、企业家、科学家都要学会合作。

今天，我们不应该再争论谁对谁错，谁应该承担更多责任！今天，我们应该讨论的是谁能提出更好的办法。如果地球病了，没有人会健康。今天的任务不仅仅是寻求一个大家都认同的协议，还要找到一条在不伤害地球、不伤害我们后代的前提下，人类依然能够繁荣发展的道路。

如果在这场战争中失败，人类将没有赢家

我从TNC[①]学到了很多。在中国，我们有40多个企业家成立了"桃花源生态保护基金会"。基金会在四川买了地，保护森林，帮助熊猫生存。基金会劝告当地农民不要再砍树了。农民说，我们得生活，不砍树怎么活下去？我们发现当地有一种蜜蜂，我们就教他们生产蜂蜜，在网上卖，用新的方式生存下去。

企业家总是能找到办法，只要从我们的内心出发来做生意。但我们不能以地球为代价来做生意。应对气候变化是一场人类必须打赢的战争，这场战争若是失败，就意味着没有人是赢家。若真的失败，也就没有人类了。

人类在懂得使用石油这种能源之前，从来没有想象过可以踏上月球。未来30年，我们必须改变原来的方法。未来，我们只有两个选择，要么任凭子孙后代遭受环境继续恶化带来的痛苦，要么给地球带来一个可持续发展的环境。

过去200年，知识和能源使得人类有能力对外部世界展开探索，不断满足人类的欲求。人类做了所有的事情来改变生活。未来30年，数据和新能源会让我们探索自身成为可能，让我们可以看到自己的内心世界。

过去200年，知识等于力量，人类依靠知识的力量发现、发展。知识让人聪明，让人知道自己要什么，怎样才能得到；而智慧让人知道了应该放弃什么。人类经过了几千年的发展，是时候该学会放弃些什么了。

我们面对的是一场关于人类战胜自身弱点的战争——我称之为"第三

---

① TNC：大自然保护协会（The Nature Conservancy），是从事生态环境保护的国际民间组织，致力于在全球保护具有重要生态价值的陆地和水域。

次世界大战"，我们要找到人类共同解决难题的力量。

　　能够参与"第三次世界大战"，我和我年轻的同事们感到很荣幸。我们是用我们的知识和智慧向贫困宣战，向疾病宣战，向气候变化宣战。如果我们在这场战争中失败，人类将没有赢家！

编者注：

　　第21届联合国气候变化大会于2015年11月30日至12月11日在法国巴黎举行，195个国家和地区以及近2000个非政府组织派代表参加。12月6日，马云受邀在大会上发表了主题演讲。他指出，现在我们要打的是一场针对自身弱点的战争，我们保护的是自己。

8. 做公益就是经营自己的人性

当下股市行情不好，经济低迷，企业家的压力很大。我现在的目标是前20年挣钱，后30年花钱。比尔·盖茨还是微软公司CEO的时候，神清气爽，但是做了两三年公益以后，头发都白了。可见，做公益比经营企业要难太多。我们都是平凡的人，做公益，就是经营自己的人性。

我先给大家讲第一个事例，裸捐的问题。比尔·盖茨到中国北京组织了一次晚宴，请很多中国的有钱人去，号召大家裸捐。我思考了好久要不要去。现在的中国，从整体上来说，经济发展不平衡。北京、上海、深圳、广州并不能代表中国的经济情况。改革开放30多年来，中国企业家的资源是有限的，企业家应该把钱花在投资上，为社会创造更多的就业机会，创造更多的财富，这是企业家的第一责任。

在美国，你可以把钱交给比尔·盖茨，但我们把钱交给谁？中国缺乏公益基础设施，缺乏公益法律体系，缺乏公益人才培养体系，也缺乏比尔·盖茨这样的人才。

我认为企业家的钱不是企业家的。马云现在是中国的首富，但我认为"首Fu"的"Fu"应该是"负责任"的"负"。如果你认为这个钱是你自己的，你可以花天酒地，那你一定会待在监狱里。当你拥有一两百万的时候,你很幸福,这是你的钱,你可以自由支配;当你有一两千万的时候,麻烦就来了,你要考虑人民币的贬值,你要考虑收益;当你有十几亿、几十亿的时候,这就不再是你的钱,这是社会对你的信任,委托你帮忙管这个钱。

第二个事例是关于日本大地震的。2011年日本发生大地震时,云南也发生了地震,我们公司内部自发组织捐款。公司内部出现了两派,有的人说要给日本捐款,有的人认为不应该把钱捐给日本。最后,我们捐了300万元人民币给日本,而捐给云南的钱要少一些。结果,网上一片骂声。最后,我给大家写了一封信。我说捐款这件事,你捐是对的,不捐也不一定错,但你自己不捐,让别人也不捐,那就是错的。此外,灾区不会因为你这点钱而发生变化。任何一个国家都不会仅凭公众的捐款来解决灾难问题。捐钱改变的不是灾区,改变的是你自己。因为源于你自己内心的一个举动、一个举措,改变了你自己之后,世界自然会因此不同。

第三个事例是我参加了一个公益机构,这个机构里有一个很能干的秘书长,我跟他开了两次会,他两次都迟到了。我问他原因,他说:"我是免费的,是义务劳动。"我立刻给他开工资,我们不缺这份工资,我们缺的是一个有专业态度的人才。越是公益人才,越要有专业精神。

公益机构的钱,是大家点点滴滴的积累。公益人士除了要有善心,还要有善能,有善力。他们的专业能力和敬业精神非常重要。你不一定是某个领域的专家,但你得懂得怎么做好公益项目,如何落实这些公益资金。你得是一个善良的人,整个公益体系才能够把你的善意不断释放出来。我觉得,这世界上最累的事就是做好人,而且是一辈子做好人。

世界上有三类人让我感动

我现在是TNC中国区的主席兼全球董事。刚加入这个机构的时候，我并不清楚这是个什么组织。我去参加他们的活动，让我很震撼的是，全世界最有钱的企业家，日理万机，却愿意花三天的时间开会，分组讨论巴西、秘鲁、马来西亚面临的生态环境保护问题。开会的第一天，我很不解；第二天，我被感动了；第三天，我也积极参与进去。最令人感动的是，这个公益机构在关心着跟自己毫无关系的事情。我们很认真，因为我们热爱这项工作。

世界上有三类人让我很感动：企业家、科学家、社会媒体人。企业家的责任是什么？效率，用最少的钱办最大的事，同时讲究要有结果，因为没有结果的企业都会破产。社会媒体人负责什么？跟社会沟通。还有科学家，科学家会告诉你怎样才是正确地做事，环境该怎么保护。

中国的公益事业已经有了很大的进步，但是跟其他国家相比，我们还有一定的差距。人与人之间不怕有距离，就怕你不知道有距离。我们是否可以向欧美国家多学习一些好的制度和体系，多学习如何选择正确的方向，以及怎样才是正确的做事的方法？

在寸土寸金的纽约有一个中央公园，占了很大一块地，里面世世代代不允许做房地产开发。中国是否还有这样的地？不管有没有，这些理念和思想都是我们可以借鉴和学习的。

我不同意环境保护极端主义者的一些做法，要用正确的方法做正确的事情。中国的雾霾是怎么造成的？可以说，雾霾在一定程度上是我们处理事务的心态造成的。我自己的理解是，心态影响生态，生态又反过来影响你的心态。抱怨没有用，别抱怨，既来之则处理之。怎么处理？公益在于

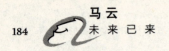
给予，公益在于参与，公益在于一点点的行动，公益在于唤醒人性、唤醒良知。

我鼓励大家参与公益行动，有能力做一些慈善也挺好。慈善要低调做，公益要高调做。其实，捐一块钱跟捐一个亿没有差别。做公益就像跑马拉松，不在于你跑得多快，而在于你能否坚持跑到头。说到底，我们是在跟人性中最不堪的部分较量。中国社会的完善，不能靠政策，要靠我们人性的觉醒，靠人心的平稳，靠公益的自觉。所以，要加强善心、善愿、善能的培养。同时，我们每个人不要辜负善心、善愿，要把它们组织好，把它们落实下来，把它们变成一个个真正的行动！

编者注：

2015年9月15日，马云在北京大学首届社会公益管理硕士项目开学典礼上发表演讲。

9. 公益的本质是唤醒善良

看到我们搞公益，很多人说我们应该把时间放在赚钱上。我也想过这个问题，一个人到底应该把时间放在哪里才是最正确的。

7年前，阿里巴巴集团从钱塘江北岸搬到钱塘江南岸，我们搞了一个活动。有些员工会游泳，我们就让他们以接力赛的方式游过钱塘江。当最后一棒员工上岸的时候，我们发现他们身上挂满了五颜六色的塑料袋和各种各样的垃圾。那一天，我们所有的员工都非常震惊，我们没有想到我们生活在这样的环境里，没有想到我们每天喝的水这么脏。

从那一天起，阿里巴巴的所有员工都在思考一个问题：如果世界不够好，你即使过得再好，也没有意义。所以，从那一天起，我们决定把阿里巴巴每年3‰的营业额作为公益基金，用于城市、国家的建设和世界的环境保护。

我们本以为那样做就已经足够了，但我们很快又明白了一个道理：公益需要钱，但光有钱是远远不够的。因为公益和慈善还是有点差异的，慈善在于给予，而公益在于参与，在于点点滴滴的行动。慈善可能以给钱为主，而公益需要你花出的是时间、激情、智慧以及所有你可能拿不出来的东西。你未必有能力去做慈善，但我们每个人都应该可以去做公益，参与公益。

做公益、做慈善都是人生中最大的福报

7年来，我们发现，在公益的路上，有很多志同道合的人，他们一直在探求，一直在努力，一直在改变着生活、改变着我们这个世界。所以，我们觉得我们这批人需要一个平台，需要有一个机会来分享、交流我们的经验和看法。

公益人之所以受到尊重，是因为他们在世界上做了自己利益范围以外的事情，付出了时间和真心。公益和慈善不同，慈善是给出自己的善心，而公益在于唤醒更多人的善心。慈善是个人的行为，是善心，背后捐了多少钱，是个人隐私，把慈善做得太Public（公众的），味道可能会变。而公益是以群体行动为主，公益应该Public，把公益做得太Private（私人的），就会缺乏影响力。公益不是看你花了多少钱，而是看你唤醒了多少爱心。

人们经常在问，人之初性本善，还是人之初性本恶？我一直觉得，从太极哲学来讲，人刚出生的时候，是50%的善和50%的恶合在一起，是教育、是文化、是信仰把我们的善累积了起来，使善超过了恶。但是，由于世界上各种各样的原因，恶的东西、坏的东西往往会淹没我们的善良。所以，我们需要擦洗我们自己的良心，擦洗我们自己的善心，而唤醒我们擦洗自己善心的最好方法，就是参与点点滴滴的公益行动。

这世界的穷，你救不完；这世界的病，你治不光。但是，我们可以把这个世界上每个人的善意和善心给唤醒，这就是我们每年到处参加各种公益活动的初心。

公益和慈善不同。慈善需要善心，公益除了要有善心，更要有善能，只有有能力，我们才能把事情做好。我们一直坚信"公益的心态，商业的

手法"，这是做公益最好的办法。政府考虑的是如何把事情做得更为公平，科学家是考虑如何把事情做得更为准确，而企业家考虑的是如何把事情做得更为有效。

今天的公益事业，政府、专家、企业家都应该加入进来，因为这些能力合在一起，就是巨大的善能。我们应该一起努力，一起行动起来，真正做到有结果、有效率。

我认为心态、姿态和生态是联动的，人的心态的好坏会影响人的姿态的好坏，而姿态的好坏又会影响我们这个社会的生态。

今天的雾霾其实不仅仅是环境的问题，还是我们这个社会心态的问题。心态出了问题，生态自然会出问题。中国有句古话，人定胜天。"人定胜天"的"天"是天灾人祸，而"定"是人的心态定，只有人的心态定了，我们才能够战胜天灾人祸。

我认为，儒释道思想就是今天我们需要的心态，也是我们每个人需要的信仰，即感恩、敬畏和珍惜。我们对昨天充满感恩之情，我们对明天充满敬畏，我们对今天充满珍惜。只有每个人都开始改变，参与点滴的行动，我们的社会才会更好，世界才会更好。

编者注：

2016年7月9日，马云在首届全球XIN公益大会上发表演讲、阐述自己的公益观。

10. 做乡村教师的代言人

教师的影响力是巨大的，因为教育给了我们希望。

我们启动乡村教师计划，是希望借此唤起全社会对乡村教师的关注。只有全社会都尊重乡村教师，乡村教育才能吸引越来越多的年轻人参与其中。在乡村，也许教师们没有很好的教学设施和设备，但他们是乡村最温暖的阳光，是他们的改变、他们的投入、他们的坚持、他们的执着、他们的敬业唤醒、启发了孩子们和整个社会。

我们为什么当教师

我毕业于杭州师范大学，从事了6年短暂的教师工作。中国有300多万乡村教师，他们肩负着教育4000多万乡村孩子的使命。"马云乡村教师计划"准备每年投入1000万元，这些钱真的是微不足道，并不能解决乡村教育的根本问题，但我希望我下半辈子都能够作为乡村教师的代言人，唤醒整个社会、整个民族、整个国家对乡村教师的关注和重视。

我对英文非常感兴趣，我的英文启蒙老师对培养我的兴趣起了很大的作用。我的英文老师早上在教师进修班学习英文，下午来教我。他的英文水平有限，但是他很懂得怎么教我。他常常鼓励我说：马云，你的英文发音不错。简简单单的表扬，燃起了我对英文的兴趣，从那以后，一发而不可收。于是，我就超越了我的小学老师、中学老师，进了大学深造。

很多年以前，有一次我去农村，大概早上五点多钟，在路上碰到一个小女孩。小女孩七八岁，手上拎了一个包，还背了一个大书包，在黑暗中走着。车刚好停下来，我问小姑娘去哪儿，她说去读书。才五点多钟，她要走10多里的路去读书。那时候我就在想，如果有一天我有机会，我应该为农村的孩子们、教师们做点什么事。

我一直觉得做慈善是隐私，是自己的事；而做公益最主要的目的是唤醒人们的良知，让人们都来参与。所以，我觉得要低调慈善，高调公益。

教师对人的影响之大，超越了我们的想象

我今天自封为中国乡村教师的代言人。30年前，我考上了师范大学。大学四年里，我每天考虑的就是毕业以后如何可以不当教师，因为那时候我觉得当教师没出息。结果，当了六年教师以后，我发现自己改变了，我开始觉得教师这个职业是最有意义、最温暖的职业。因为所有的教师都希望自己的学生有出息，希望自己的学生能当上县长、当上科学家，希望自己的学生能成为出色的企业家。虽然后来我离开了教师岗位，但离而不弃。我觉得，我仍然能够把我的经历和想法分享给更多的人。

教师对一个人的影响之大，超越了我们的想象。大学三年级的时候，我去一个乡村做了一个多月的代课老师。到了那里之后，我被那里的环境

和学生的素质深深震撼了。六七年以后，我的二十几个学生中，有三个考进了大学，几个考进了中专，他们给我写信，感谢我在近两个月的工作中给他们的鼓励。所以，教师这个职业可以考验我们有多强的心、多温暖的心、多阳光的心去改变别人、影响别人，而孩子们是最容易被影响的。

虽然乡村学校的教学水平、教学设备都没有城市里好，但我们可以多花点时间在孩子的体育、美育上。我相信，乡村学校学生的学习能力应该是在体验生活中、在团队配合中培养出来的。团队合作是从体育精神里来的，在共同打篮球、踢足球的过程中，孩子们会意识到团队的重要性。如果我们懂得了音乐，我们就可以体会美好、善良、友情，在寂寞、痛苦中找到灵感；如果我们懂得了美术，我们就可以打开视野，释放想象力。

我相信，人只要有学习能力，获取知识只是个时间问题。所以，我希望我们的乡村教师能够在"育"方面多下功夫。

现在只是刚刚开始，需要我们去做的事情还很多。我希望我们能够通过移动互联网、通过手机、通过电脑、通过电视，帮助更多的乡村教师。我有责任为乡村教师代言，我也为此倍感荣幸，这也是我今生最大的福报——我的公益基金参与的第一个项目是乡村教师计划！

编者注：

2015年9月16日，在北京师范大学学生活动中心，"浙江马云公益基金会"发起人马云和现场的150位乡村教师共同启动了"马云乡村教师计划暨首届马云乡村教师奖"项目。该项目计划由公益基金会出资1000万元设立"马云乡村教师奖"，在四川、陕西、甘肃、云南、宁夏、贵州六省区寻找100名优秀乡村教师，入选者每人将获得价值10万元的奖励，包括9万元现金和价值1万元的专业发展支持，分3年发放。此后，该活动将每年举行一次。

11. 中国的"教"和"育"

　　人之初性本善，还是人之初性本恶？我想人生下来，可能一半是好的，一半是坏的。但是，因为有了教育，人身上好的这一面不断地被唤醒，不断地被扩大，而坏的东西被遏制。把人的善意、智慧唤醒，这是老师的工作。在我们的人生中，对我们影响最大的人，除了父母之外，可能就是老师了。

每位老师都有机会点燃别人心中的灯

　　当老师是有机会发现和培养明星的。我读书的时候，不算是一个好学生，但肯定也不是一个坏学生。我小学是在杭州市中北二小读的，不是重点小学，学校的教学目标就是按部就班地把小学生变成中学生。我并不觉得自己是一个很好的学生，我相信我当时的老师也根本不会想到有一天一个叫马云的学生能够变成现在这样。

　　老师的一项很重要的工作是什么？是帮孩子找到自信，让孩子学会做人。一个优秀的老师会发现孩子身上优秀的品质。老师如果能唤醒孩子的潜质，在孩子今后的人生中，这些东西会一直激励他。

　　我记得很清楚，我的语文老师孙老师对我的影响非常大。我上小学的时候经常闯祸，家里人和同学们都骂我，只有孙老师告诉我什么事情是对的，什么事情是错的。刚上大学的时候，我自认为我的英语口语不错，甚至胜过老师，但没想到那一年我的口语考试被老师判了不及格。我最得意的一门课居然得了59分！我特别生气，甚至去找系主任评理。10多年以后，我才知道老师的用心。因为那时候我很狂傲，如果老师不这样当头棒喝，我就不会知道天外有天，就不会有今天的马云。是老师点醒了我，告诉我做什么事情都必须把握好度。

　　我跟中国其他很多企业家不一样，一个很重要的原因就是我是老师出身。老师有一个很重要的品德，是其他职业无法拥有的：老师永远希望学生超过自己。

从"音体美"中学习做人的道理

　　教育问题很复杂，要一分为二来看。中国的"教"相当好，中国的"育"很不够，我们的中小学不太重视"育"。实际上，学生一辈子最容易记住的，是从音乐、美术、体育里学来的做人的道理。知识是可以传授的，很多知识是要通过勤奋努力的学习才能获得的，但文化往往是玩出来的，是从玩中汲取的。现在的孩子玩的时间实在太少，老师玩的时间也很少，如果让我重新设置中国的教育体系，我会要求幼儿园的孩子们必须懂得音乐，必须学会欣赏音乐，因为很多智慧是可以从音乐中感悟出来的。在西方，音乐最早是从教堂里传出来的，音乐对人实在是太重要了。

美术重要在哪里？重要在它可以开发孩子的想象力。没有想象力的孩子是可怕的。我希望我们的老师能告诉孩子们第一次坐飞机的感受，告诉他们什么是大海，什么是天空。老师如果没有想象力，孩子怎么可能有想象力？画画是开拓想象力的重要方式，有的老师说我不会画画，没有关系，让孩子们去想，让孩子们去画。不一定会画画的人才能教画画，因为画画本身就是在开拓想象力。

体育也很重要。记得有一次我在北京的一家饭店吃饭，从窗口看出去，一所学校的操场上，老师正在给学生上体育课。我很生气。为什么呢？男生站一边，女生站另一边，我饭吃了20分钟，老师在那儿训话训了20分钟，然后女生跑了3圈，男生做了几下俯卧撑，体育课就结束了。人家说，你为什么对足球那么感兴趣？我对足球本身没有兴趣，但足球给中国未来带来的东西是非常重要的。现在中国的很多家庭只有一个孩子，这些孩子不懂得如何进行团队合作，因为很少有机会让他们学习如何与人合作。中国的体育运动，一对一的竞技项目我们都特别牛，比如乒乓球、羽毛球，但冲突性的运动我们不行。很多运动是冲突性的，大家对撞，在冲突中处理问题。不会运动的民族，不可能健康，身体不可能健康，心理也不可能健康。

数学很重要，语文也很重要，但仅仅学习这些是不够的。要让一个孩子真正成为一个人，而不是学习的机器，一定要让他学好音乐、体育、美术这些可以丰富、表达我们情感的东西。

成就孩子是老师的美德

我特别鼓励孩子要会玩。最聪明的孩子，既会玩，也会读书；次聪明的孩子很会玩，但未必会读书；会读书、不会玩的孩子，很麻烦。我的公司招了几万个年轻人，总的看下来，我发现一个很有意思的现象：这些年轻人中有出息的，多数是小时候特别会玩、特别调皮的。调皮的孩子容易成功，但是调皮的孩子不讨老师喜欢——这个孩子怎么这么调皮——一顿骂就可能把他的天性扼杀。

"教"和"育"是两个概念。现在社会对老师、对学校的期望太大。"教"的主体是老师，是学校；"育"的主体是家庭，其次才是学校，所以要注重家长"育"的角色。老爸看到孩子不对的地方，有没有拍桌子？子不教，父之过，父母很重要。无论是父母还是老师，对待孩子都要带着欣赏的眼光。作为家长，我们可以问问自己，你把孩子送到学校，你对老师的第一要求是什么？当然是热爱孩子，尊重孩子，能够发现孩子身上的优点。

我刚开始做企业时没做好，一个很重要的原因就是我骨子里看不起商人，总觉得挣钱这件事情是唯利是图，因此最初的5年我没有成功。到后来，我觉得商人挣的钱也是一种资源，是通过其他办法促进整个社会的进步、创造更多的就业机会、让别人更快乐的一种资源。你要欣赏你的学生，欣赏你的产品，热爱你所做的事情，别在乎别人怎么看。

教师之所以受人尊重，当然是因为这个职业很重要，但更重要的原因是教师在给社会创造价值。教师在孩子们人生的起步阶段对他们说的一两句话，有可能改变他们的一生。

教师能做的是点燃自己，发现别人。我在公司里，有时候会听到人家说某个员工特别令人讨厌，我想他能进我们公司，肯定是因为某方面比较好，只是我们没有关注而已。好孩子是表扬出来的，好员工有时候也是表扬出来的。当然，该不及格的时候还是要给他不及格。

课本讲的是做人的道理，通过做人的道理来传授知识。孩子们上小学的时候，求知欲很强，要引导他们在玩中学习知识。初中的时候，孩子的记忆力最强，该记的时候要引导他们多记。高中的时候，要培养他们发现自己的兴趣，年轻人一定要找到未来发展的兴趣点。即使暂时找不到，也要鼓励他，没关系，有一天肯定会找到。到了大学，学的是知识结构和体系；研究生要研究的是方向；博士生要学习哲学的思考……这些都应该贯穿在整个教育体系中。

编者注：

2016年1月18日，"马云乡村教师计划"首届获奖乡村教师颁奖典礼在三亚举行。马云重回课堂，与百名乡村教师亲密互动，交流教育理念。

马云

未来已来

第六章

与世界
对话

1. 对话美国总统奥巴马

背景提示：

亚太经合组织（APEC）第二十三次领导人非正式会议于2015年11月18日至19日在菲律宾马尼拉举行。在工商领导人峰会的对谈环节，时任美国总统奥巴马与马云以及菲律宾创业者就气候变化问题进行热聊。其间，奥巴马与马云讨论政府与企业应该如何应对气候暖化和环境问题，成为互动环节的高潮。

为什么你对气候保护充满热情

奥巴马：马云先生，为什么你对气候保护充满热情？为什么你觉得企业应该在环境变化的问题中发挥作用？

马云：不是热情，而是深深的担忧促使我对环境和气候变化投入精力。我13岁的时候，到一个湖里游泳，差点淹死，因为那个湖比我想象的深很多。而五年前，我故地重游，整个湖几乎都干了。

大家身边都有年轻的朋友死于癌症，而20年前，几乎没人听说过癌症。今天，我们身边的很多亲朋好友、很多家庭遭受着癌症的痛苦。

如果没有一个健康的环境，无论赚多少钱，都将面临环境变坏的灾难，这就是我们的忧虑。从6年前开始，我们阿里巴巴集团把每年3‰的收入捐献出来，鼓励和帮助年轻人寻找解决环境问题的创新方式。大家一起去面对这个问题。

当然，钱永远是不够的，但钱可以用来唤醒人们的意识，让人们意识到，气候在出现问题，食品安全在出现问题，水质在出现问题，从而认真地去对待和解决这些问题。这就是我们的思考。

未来的机会在哪里？阿里巴巴一直相信，机会永远在最麻烦、最让你忧虑的地方。你能够解决多大的麻烦，就能够获得多大的机会。

几年前，比尔·盖茨打电话给我，邀请我一起推动清洁能源的应用，我觉得这是一个很好的主意，这也是我们可以贡献的东西。

15年前，我们公司是小公司，现在我们变大了，是一家跟很多公司不一样的公司。但是，我们认为，不管你是一家什么样的公司，不管你的公司是大还是小，如果你不关心环境、食品和水，那么你都很难生存下来。

政府和大公司应该如何创造好的环境

奥巴马：我们看到，在很多国家，年轻的创业者使用高科技进行了跨越式的发展。同样，在亚洲和非洲的很多地方，连电话线都没有铺设，人们直接跨越到使用移动设备，而且显然每天从阿里巴巴买东西。这提出了一个问题：我们应该做些什么来支持年轻的创业者？马云先生，你做过白手起家的创业者，现在也成为成功的企业家，经历过两种阶段，你觉得，政府和大公司应该如何创造好的环境给年轻的创业者？

马云：政府要做的很简单，减税就好了，别对年轻创业者收税。

奥巴马：你得到了你的CEO同行们的欢呼。

马云：我听到这些创业者的故事，感到非常激动。对创业者来说，创业公司就是他们的"孩子"，我到今天已经有了五个"孩子"，我已经是一个有经验的父亲了。阿里巴巴、淘宝、支付宝等，这些都是我的"孩子"。我觉得对创业者来说，没有人能帮你，我们只能自己帮助自己。投资者、合伙人、政府是叔叔阿姨，你才是父母，不要放弃你的孩子。

我们所做的是创造一个平台，我们的任务是赋能。2015年的"双11"，我们平台上有145亿美元的交易，预计2015年全年我们会有5000亿美元的总交易额。我们不出售任何东西，我们是帮助别人出售，我们的任务是帮助其他企业实现他们的梦想。

我们平台上有一个APP，可以追踪卡车，因为卡车物流一般是把东西从这个城市送到那个城市，但回来的时候是空载的，这个APP就是解决这个问题，帮助卡车司机减少空载。我们用科技和平台帮助这家企业，仅在一年的时间里，这家企业就节省了价值15亿美元的燃油。这就是用创新的方式使用科技。

大企业要保持创新很难，中小企业永远最有创新力。当我们看到这样的企业时，我们会很激动，我们会资助他们，用科技支持他们，如果他们是环境友好型的企业，我们会在我们的平台上推广他们。

企业家在关注环境转变

奥巴马： 在中国，人们越来越关心环境，你觉得你的同行在关注这种转变吗？

马云： 以中国为例，雾霾使政府和所有企业都改变了非常多。我组织了一个桃花源基金会，邀请了中国的45位商业领袖一起投入资金。这是一个由政府、企业、科学家、社会学家和慈善家等一起参与的机构。有很多事情，企业应该更积极自觉地来做。现在来讨论是谁的错已经太晚了，我们要一起解决问题。我们如何联合在一起，更高效地做事？我一直相信，做公益应该有慈善的心，用商业的方法来实践，因为这是做成事情最有效的方法。科学家应该想的是如何正确地做事，企业家则应该考虑如何有效地做事，政府应该创造很好的环境和基础。在亚太地区，特别是中国，我们采取了很多好的措施，但我们应该探索一个更有效的方法。我在美国纽约州的布兰登买了一块覆盖着森林的土地，我买这块土地，不是为了买下森林，而是想买经验，看看美国人在上个世纪是怎么解决自己的环境污染问题的。我们把这些技术和经验带到中国，带到地球这半边的世界。这就是机会。现在如果只是在担忧，那就太晚了，我们要行动，一起努力。

2. 对话加拿大总理贾斯汀·特鲁多

背景提示:

2016年8月30日，G20杭州峰会前夕，加拿大总理贾斯汀·特鲁多先期抵达中国，在北京参加了中国企业家俱乐部举办的对话中国企业家活动。中国企业家俱乐部主席马云在欢迎致辞中表示，中国和加拿大两国的生活方式有很大的不同，这也给两国带来了很多合作的空间。

中加是如此不同，两国企业家才有合作机会

马云： 今天，中国和加拿大的企业家能够聚在一起，我们首先要感谢一个人。这个人在上个世纪我们大多数人还没有出生的时候，两次来到中国，在全世界都不理解中国的时候，选择用自己的眼睛去观察中国。这个人在1970年很多西方国家都不和中国做朋友的时候，引领加拿大和中国建立外交关系。而美国是在两年后才决定这么做的。

我们要感谢的这个人就是总理先生的父亲——皮埃尔·特鲁多先生。

所以，我们今天的任务不是建立友谊和信任，因为友谊和信任早在总

理父亲的时代就已经存在了。我们今天的任务是如何让我们的友谊和信任加深我们之间的合作，让中国企业家和加拿大企业家共同受益，让中国人和加拿大人共同受益。

加拿大有许多值得中国羡慕、学习和借鉴的地方。比如，加拿大每平方公里只有3.5个人，而中国每平方公里有135个人，这一点中国人就很羡慕，至少我很羡慕。但是，加拿大人也许会说，中国是一个有着13亿人口的大市场，加拿大也很羡慕中国。正因为我们两个国家如此不同，所以两个国家的企业家才会有很多合作的空间和机会。

加拿大有很多优质健康的农产品和商品，这是中国市场特别需要的。不仅仅是产品，加拿大的高科技、先进教育、文化艺术、环保技术，都是中国需要的。中国现在的中等收入群体约有3亿，这是10个加拿大的量级，而且这个数字还在增长。

今天，我们这些中国最好的企业家非常荣幸能够聆听总理先生的演讲，并在接下来的环节和总理先生探讨如何加深中加经济贸易合作。要知道，今天来到这里的是加拿大历史上又一位非常年轻的总理，他在很短的时间内带领自己的政党创下了奇迹。从他身上，我们看到了加拿大的朝气和活力，看到了加拿大的明天和信心！

贾斯汀·特鲁多：非常高兴来到北京。我当总理10个月以来，已经有过这样的机会在不同场合与世界各地优秀的企业家坐在一起交谈，但很少有人像马云这样让我有一见如故的感觉。他有非常棒的愿景，就是希望个人消费可以获得蓬勃发展，为中小企业创造机会，并且获得更美好的人生。这个愿景非常了不起！这是我到北京以后参加的第一个活动，感谢你们在这里欢迎我，聚集一批如此杰出的人在这里见面。

这是我第四次访华，也是我当总理以后第一次官方访问。我第一次来到中国时还是个小男孩，我父亲是总理。所以今天，当我作为总理第一次访问中国时，我特地带了我的女儿，这样她就可以像我当年随父访华那样了解贵国。我父亲曾教我对中国保持友好、开放的态度，我希望把这种理念继续传给我的孩子以及加拿大的下一代。

作为世界第二大经济体的中国将在促进全球经济增长中发挥至关重要的作用，任何忽视中国的经济政策，或者是对与中国的关系不能给予最高度重视的政策都是不负责任的。只有与中国加强、加深交往，才可以实现加拿大自身的目的，创造就业机会，夯实中产阶层，重振双边关系。中国的企业家应该知道，加拿大有一个很好的投资环境，我们非常愿意和你们携手合作，支持中国企业下一步的增长。

当然，我们两国之间加强双边关系的益处远不只经济层面，还有很多文化方面的益处：将有更多的加拿大人到中国进行旅游访问，也会有更多的中国人到加拿大进行旅游访问，加深文化方面的联系。在环境方面也会有所助益，气候变化是全球面临的挑战，需要全球共同解决，携手合作才能互相学习。

3. 对话新西兰总理约翰·基

背景提示:

2016年4月18日,中国企业家俱乐部论坛之新西兰总理午餐会在北京举行。在会上,时任新西兰总理约翰·基与马云分别发表了主题演讲。其间,约翰·基还与沈国军、汪潮涌、夏华等中国企业家展开了精彩问答。

约翰·基: 这是我作为新西兰总理第六次访问中国,我带来了一个人数众多的新西兰商业代表团,他们来自不同的行业和领域。这个代表团的阵容之强大,说明新西兰和中国在2008年签署自由贸易协定之后,两国之间的商业关系得到了长足的发展。现在我们向中国出口更多的食品,还有以食品为基础的产品,也越来越多地拓展我们在服务行业的合作。

新西兰和中国在过去这些年所发展的关系,不仅仅是商业经济领域的合作,在很多领域都是伙伴。特别是在亚太区域进行了合作,在安理会也进行了合作。我们在国际议题上,比如气候变化上有着相似的立场。同时,我们都努力促进自由贸易。中国在签订自由贸易协定的时候,首选了新西兰。我们呼吁亚洲投资银行的建立,在它筹建之初,我们就一直很支持。在习主席访问新西兰的时候,我们也表达了这样的立场。我们两国的关系一直在加强。

中国有超过10亿人口，安全的、可预测的、令人满意的产品是你们需要的，我们新西兰有科技，特别是在食品安全方面的技术，所以我们是可以进行互利合作的。

中国应购买新西兰的环保技术、环保意识和环保理念

马云：我特别感谢总理带了这么多了不起的新西兰企业家来中国访问。我觉得地球很有意思，有东西两半、南北两半，如果让我选择，我更喜欢和南半球的人做生意，因为这样每一年会有两个夏天、两个冬天。对做生意的人来讲，时间就意味着一切，季节就意味着一切。中国的制造业也好，新西兰生产的商品也好，都会面临两次机会，一年两季。因为南半球的地理位置，对中国企业来说，无论是比基尼的制造还是滑雪器械的制造，都可以一年四季不用停下生产线。在我们公司的这个平台上，全球买也好，全球卖也好，由于南北半球地理位置的不同，商品几乎一年四季都不会因为季节的变化而断货。所以，我相信南北半球的经济合作更有机会。

我们经常讲身心健康，到了新西兰，身体和心灵就会健康。新西兰确实是一个让人感到非常幸福的国家。我一直以为北欧的三文鱼是最好的，但是我到了新西兰以后，一下子吃了好几份三文鱼。新西兰雪山的三文鱼是全世界最好的，我找不出任何一个国家的三文鱼比那里的更好。

在这样健康的环境中，新西兰变成了一个非常美丽独特的地区。我们都看过电影《指环王》，新西兰就是影片的外景拍摄取景地。世界上还有这么独特、有魅力的地方，任何人都想去看看。全世界的人都喜欢新西

兰。新西兰的人口只有450万，而每年去新西兰旅游的游客已经达到300多万，很快会超过新西兰本国的人口。新西兰不仅旅游好，产品更好，中国的消费者喜欢买新西兰的奶粉、蜂蜜、海鲜。去年有一天，我们一天卖了27吨新西兰蜂蜜。所以，我特别希望有一天能够通过互联网购买新西兰的空气、水、土壤，购买新西兰的健康。

新西兰是第一个与中国签订自由贸易协定的国家，2019年，新西兰96%的商品进入中国将免税，这对中国消费者来说无疑是一个非常好的消息。我一直认为贸易是自由的，贸易不应该成为政府与政府之间谈判的武器；贸易应该是和平相处，因为贸易越好，世界越和平。我相信，未来我们只要有一部手机、一辆汽车，就可以跟世界任何地方的人做生意。我相信，这个愿望最早有可能在中国和新西兰之间实现。

对中国来讲，我们今天从购买新西兰的食品起步，但我们真正应该购买的是新西兰的环保技术、环保意识和环保理念。新西兰的环保理念和环保技术使得新西兰变成了一个永远阳光灿烂、永远健康、创新不断的国家，我对这样的国家充满真正的敬意。今天，我们庆幸地球上还有新西兰这样的净土，我们庆幸从新西兰可以买到远离污染的海鲜产品。我们应该更进一步保护蓝天，保护大海，因为它们与我们的生命息息相关。

如何保护渔业资源的环境，保护大气的环境？新西兰为了保护环境，付出了巨大的代价，不仅仅是政府，当地的企业、居民都付出了难以想象的努力。中国有一句话叫"授人以鱼不如授人以渔"，我相信我们今天的交流，不仅是为了互相做个生意，更重要的是互相了解，互相学习做生意的理念，以及对环境的保护技术。对环境的保护首先是对贪欲的控制，人类不可能无限制地向自然索取。中国经济目前正在转型，我们意识到中国经济高速发展不可持续，不断索取绝对不能实现可持续发展，中国的环境已经不能支撑整个中国经济传统模式的发展。我也相信，中国在未来10~15年会更好，因为我们有更多的国家可以学习，可以模仿。

所以，我们要从传统的外贸投资和消费拉动走向服务、消费和高科技，虽然转型的过程充满痛苦，但转型是非常有必要的。我也希望大家从新西兰这个国家身上看到保护环境的益处：我们的老百姓既有优良的食品、水、土壤和空气，同时也有更好的生活。为了这样的转型，再大的痛苦，中国人也愿意承担，也愿意付出巨大的努力。

作为一个中国消费者，我要感谢新西兰能够生产这么好的安全的食品；作为一个新的贸易秩序的发起者和推动者，我要感谢总理先生推动了新西兰与中国之间的自由贸易往来；作为一个地球的居民，我要感谢新西兰，为地球保留了这么一个美好的地方。

作为资源小国，新西兰要和别的国家分享技术和经验

Gung Ho! Pizza①**创始人Jade Gray**：现在中国对资源的需求非常旺盛，资源消耗速度非常快，对新西兰这样的小国家来说，我们怎样才能够既满足中国的需求又保护环境？

约翰·基：首先，我们非常自豪的是新西兰有很多优秀的技术，能很好地利用资源。我们对海产品、海洋生物的保护管理非常先进，当然我们也保护陆地资源。我们有很多规定，比如说对温室气体排放的规定。这些年来，我们一直确保我们出口的产品是高质量的，从消费的角度、从食品

---

① Gung Ho! Pizza：叫板比萨，新西兰比萨品牌。

安全的角度来说，都是无可挑剔的，这和中国的目标契合。在新西兰，我们不可能生产所有的产品，我们还远不是世界上最大的乳品生产国，只是我们的出口比较多。我们的重点是和别的国家分享我们的技术，分享我们的经验，使得世界上其他地方比如说中国在生产这些产品的时候可以使用我们的技术，来满足当地的消费需求。所以，我们要共同研发技术。

马云：中国的经济现在并不是在下滑，而是在转型，技术和服务的发展非常迅速。举一个例子，去年我们的GMV（成交总额）是5000亿美元，几年之后会增长到1万亿美元，去年有一天我们卖了5万个产自新西兰的生蚝。在中国之外的采购我们会继续做。但是，目前中国的人口快达到14亿了，这么多人不停地吃，会把所有国家生产的食品都吃光，所以在进口之外，我们要发展技术，来防止对环境的破坏。我们认为这种技术至关重要。通过贸易，我们不仅要买东西，也要学习理念、知识、技术，学习一种人类共同的信仰。在今后5年，中国应该这样做。我很赞赏、敬仰新西兰，不仅仅因为新西兰有非常棒的产品，更因为新西兰对环境的高度保护以及新西兰人民的友好。我希望在今后20年，中国也可以把健康环保的产品和技术卖给全世界，所以我们很快要推出一个绿色消费的活动。我们向那些保护环境的公司和制造商致敬。

对中国企业家在新西兰投资的建议

马云：总理先生，很多中国企业家以前没有在海外做过生意，我们面临的环境可能不一样。所以有些事情，他们不应该做，他们要小心谨慎，对此您有没有什么建议？

约翰·基： 我认为了解对方的文化非常重要，我们会非常尊重投资者的相关要求。比如说上海有一家企业，在新西兰买了不少农场，结果这些农场快要破产了。实际上，这也是他们申请的一部分，他们做出了很多承诺，包括动物福利、农场发展，以及他们如何对待整个农场的运作等。我一定要确保你做了承诺就要说到做到，既然你到新西兰来投资，就要对我们诚实，你到底能做些什么。如果你尊重地对待我们，我们也会同样对待你，我们是希望建立伙伴关系的。假如有一些人到新西兰投资，做出了严肃的承诺，但却没有尊重自己的承诺，没有说话算话，那么这会令人非常担心。

马云： 谢谢您的建议。我想这也是我们俱乐部要做的工作，我们不仅要在中国做好事，在国外也要如此。中国在今后10年、20年还要走出去，如何成为一个良好的全球公民是关键。

有机食品到底有多重要

ecostore①创始人Melanie Rands： 请问马云先生，您觉得有机食品有多重要？

马云： 有机食品非常重要。我自己不买东西，但我妻子买东西全是网购，你在网上搜到很多东西都说是有机的，但中国恐怕没有那么多有机产品，中国人现在急需安全食品。今天新西兰有希望满足我们的需求，因为新西兰是比较临近中国的国家，在这个地区，我们可以买更多的有机食

---

① ecostore：新西兰著名家居清洁及个人洗护品牌。

品。与此同时，我们也要保护新西兰的环境，不光买他们的产品，还要帮助他们保护环境。有机食品越来越受到人们的欢迎，特别是年轻人的欢迎。现在在网上，有机食品的销售非常火爆，"有机"已经成为一个搜索关键词，我确信新西兰的有机食品在中国会大受欢迎。不过，我更关心的是如何使得在新西兰生产有机食品的环境是可持续的。

约翰·基：有一个问题新西兰人比较感兴趣，就是新西兰是一个偏于一隅的国家，看到中国有这么大的市场，新西兰的公司想出口商品到中国，这想起来都觉得挺吓人。因为中国的制度、文化等都和我们的非常不一样，所以到中国做生意并不是一件易事。阿里巴巴所做的一件事情就是建立一座桥梁，把新西兰的生产基地和中国的消费者连接起来。马云先生，你是不是也可以向我们介绍一下，如果新西兰的一家小公司想向中国卖东西，可能只是一些小东西，怎样才能够利用阿里巴巴的平台向中国销售呢？

马云：谢谢总理先生给我这样一个机会来做个小广告。中国的网络消费量是惊人的，如果我们的支付体系和物流更好一些，我们会做得更好。"双11"购物节是我们七年前推出的，我们叫"单身节"，单身的时候没什么事干，干脆就上网买东西吧！如今七年过去了，去年我们一天就卖了500亿美元，今年不知道会卖多少。年轻人特别喜欢在网上购物，每年都有1.2亿人在手机上网购东西，有很多东西都是来自国外的。我其实也在思考这样的问题，在新西兰有很多小规模的生意，有很好的产品、很好的服务，但商家不知道怎么把它们卖到中国来。中国有几亿年轻人，他们也有很好的产品。所以，我们应该有一个对接机制，比如我们可以在"单身节"之后搞一个"相亲日"，使得产品的制造者和销售者连接起来。我们在欧洲已经这样做了。我们可以在新西兰办培训班，来培训一些培训师，再让他们去培训新西兰的小企业，告诉他们怎么往中国卖东西，程序是怎样的，怎么付款，后勤物流怎么安排，等等。我们还有阿里商学院，可以邀请新西兰的企业家到中国待上两周，接受培训。

另外，我们可能会在新西兰开放阿里巴巴商业大使馆，邀请非常棒的人加入我们公司，成为我们的商业大使。今年的"单身节"，我对总理和代表团有一个请求，如果你们有很好的产品和服务，请联系我们，我们帮助你们向中国市场销售。我对你们的产品很有信心。

4. 北京对话扎克伯格

背景提示：

中国发展高层论坛由国务院发展研究中心于2000年设立，由中国发展研究基金会承办，其宗旨为"与世界对话，谋共同发展"。2016年3月19日，在中国发展高层论坛经济峰会的分组会上，阿里巴巴集团董事局主席马云与facebook公司创始人兼首席执行官马克·扎克伯格，一个专注科技，一个乐衷文化，一个工程师，一个老师出身，一个是自学中文的美国人，一个是自学英文的中国人，关于创新，马云和扎克伯格展开了一场知识和智慧的对话。

十年前，达沃斯论坛初过招

钱颖一①：今天，我们非常幸运地请到了两位嘉宾在这里对话，一位来自美国，一位来自中国。我想任何地方举办一个最高层次的关于互联网

---

① 钱颖一：清华大学经济管理学院院长。

主题的论坛，举办者最想邀请的嘉宾应该就是他们两位。让我们欢迎阿里巴巴的马云和facebook的马克·扎克伯格！

扎克伯格： 非常高兴来到中国发展论坛。我非常敬佩中国经济的快速发展，今天和马云讨论创新，我也非常兴奋，创新是经济发展的重点。我正在努力学习中文，但我的中文很糟糕，所以我要请马云用英文和我交流，希望大家谅解。

马云： 我觉得小扎的中文挺容易听懂，很多中国人讲普通话口音重，反而听不太懂。我的英文也有口音，因为我是自学的，我没有在海外读过书，所以有很多语法错误。我觉得，学习其他国家的语言本身就是对另一种文化的热爱。10年前，我和小扎在达沃斯第一次见面。那天晚上，我们两人都被邀请去参加一个谈论顶级技术人才的论坛。我对技术一窍不通，但我也被邀请去了。没人知道我和小扎是谁，我们两人在门口聊了大概30分钟。当时，我不知道facebook是什么，他也不知道阿里巴巴是什么，但其他几十个人都是名气很大的顶尖技术高手，我们插不进话，所以我们就聊了一会儿天。我觉得他很有意思，那时候他还没有学中文。我说，如果有一天你去中国的话，给我打电话，也许我可以帮点忙。四年前，有一天他突然给我打了一个电话，说你还记不记得几年前的承诺。我说当然记得。有一次我去facebook，发现他已经开始学中文。我跟他的管理团队讲了一通我的观点，他的团队成员都在笑。我问其中一个人你们笑什么，他说你和扎克伯格讲话很像。

那时候，我感觉小扎讲的很多观点确实和我挺像的。大家可以对比，他从来没有在中国读过书，是在美国自学中文；我从来没有在西方读过书，是在中国自学英文。这说明我们两人都对东西方文化特别感兴趣。阿里巴巴这家公司在中国人看来很具有西方味，但在西方人看来，我们很东方，很多人在我们身上看到了东西方文化的结合。而我从facebook身上也看到了东西方文化的结合，所以我觉得facebook是一家非常了不起的公司。东西方一直在竞争，到底东方会赢，还是西方会赢？我个人认为，只有能把握好东西方契合点的人才会赢。我从小扎身上看到了试图把两种文化结合起来的了不起的元素。

人工智能：机器一定比人聪明，但不会比人智慧

主持人： 下面我们听听这两位著名互联网人士对创新的看法。我首先问马克·扎克伯格一个问题：在你看来，到底什么是创新？

扎克伯格： 首先，你思考问题的时间跨度要够大，要思考5～10年内可能会有什么样的问题，你在这个时期内要寻找什么方法去解决。这就是创新。如果你是针对当前的一个问题寻找解决方法，那你做的可能就不是创新。所以，对公司来讲，应该关注一些长期的问题。这就是创新的本质。

两年前，我们庆祝了facebook成立十周年，用户超过10亿。那时候我们就在思考，我们希望在未来10年里解决世界上的哪些问题？有些问题在一到两年里就可以解决，比如说产品开发。但要解决真正的大问题，我们需要5年、10年，甚至更长时间。我们认为有三个最根本的问题需要解决：

第一，把互联网推广到世界的各个角落。现在全球70亿人中，大概有40亿人是不能上网的，所以他们不能得到和我们一样的教育和就业机会，无法使用我们非常习惯的工具。我觉得，这个问题在10年内可以解决。

第二，人工智能。AlphaGo[①]和世界围棋大师李世石的比赛确实显示了人工智能的强大。然而，人工智能怎样理解世界，怎样理解人类的感觉，比如视觉、听觉，怎样获得语言能力？并不是说人工智能可以取代人，但10年内，这方面的研究可能会取得巨大进步。

第三，我们要建立一个巨大的计算平台。这个平台可能是基于视觉和虚拟现实的。看看现在的情况，大概每五年就会有一种新的计算平台出现。最早的大型计算机有一间房间那么大，非常昂贵，后来我们发明了个人电脑，现在我们有手提电脑和智能手机，几乎人人都有。未来五年，可能会出现一种更加自然、具备浸入式环境的计算平台，我觉得这就是虚拟现实辅助的计算机——这可能是未来5～10年里最重要的计算平台。

我们要思考5～10年后到底会有什么样的问题，这就是创新所要解决的问题。

主持人：马云先生对人工智能有什么样的评价？

马云：我同意小扎说的，创新就是使用独特、高效的方法去解决问题。我自己不是工程师，也不是搞技术的，我和多数人一样，对技术有一点害怕，但我相信我们需要用技术来解决问题。很多人都感到非常担忧，说机器已经打败了人类，那人类到底该怎么办？我认为，从电脑被发明出来的第一天起，人类就应该意识到：如果人类想跟电脑竞争谁更聪明，那么人类就该放弃。我认为机器会变得越来越强大，机器会比人类更精于计算，但是机器永远不会像人类那样有智慧。

比如下棋，我下围棋下得不好，但我喜欢下。下棋好玩的地方在于你

---

① AlphaGo是由谷歌旗下DeepMind公司开发的一款围棋人工智能程序。

能看到对手犯错误，当你看到对手犯错时，就算你输了，你也觉得开心。但你如果和机器下，机器从来不会犯错误，所以一点都不好玩。如果你和机器比赛拳击，你肯定打不过它。200多年前，欧洲发明了机器，大家就应该意识到，未来机器肯定会比人强大。100多年前，人们就应该意识到飞机和汽车肯定会比人跑得快。现在电脑来了，我们应该意识到电脑肯定比我们记得更好、算得更快，而且不需要休息。

所以，人类应该放弃。但是，有一点是肯定的：人类拥有智慧和心灵。机器永远无法享受成功和失败，机器对友情、对爱是没有感觉的。所以我认为，我们不应该害怕机器，我们应该用机器来解决问题，把它作为一种创新、高效的方式来解决人类的问题，来应对气候变化、疾病和贫困的问题。

扎克伯格：马云的看法大部分我同意。我们看到了人工智能新的里程碑，我们认为谷歌的AlphaGo在技术方面确实取得了重大的成就。我最近参加了一个人工智能的会议，会上说，通过拍摄一些我们皮肤上的伤疤，电脑可以像世界上最好的皮肤科医生一样，判别这人是不是得了癌症。这就是一种模式识别。也就是说，人工智能能识别一些视觉、听觉、触觉，以及不同的语言。我们应该继续推进这一前沿研究。

马云：我觉得我们两人之间的差别在于：一个是工程师，一个是非工程师。工程师激动于技术本身，而让我兴奋的是科技怎么让我们的生活变得更简单。对人工智能我很兴奋，不过，我对技术并不激动。

虚拟现实：2016年是消费级VR元年

主持人： 工程师和技术之间有化学反应。刚刚我们讲到了人工智能，现在还有两个词很热，VR①和AR②，也就是虚拟现实和增强现实，它们是相关的，能不能给我们解释一下这两者之间的关系？你们怎样看这两项技术未来的演进？

扎克伯格： 我希望10～15年后，你戴的近视眼镜可以让你有一个完全沉浸式的体验，它能够提供信息，感知周围的情况，让你看到某一场景，能够让你去计划你的生活和日程。最近我们在公司内部做了一个演示，用手机跟其他人打乒乓球，实际上另外一个人在另一间办公室里，但操作者感觉他们在面对面打球。这个技术可以改变我们的娱乐和教育方式，能够营造一种模拟环境来让我们娱乐和学习，它会非常强大。接下来的几年里，我能预见到的是VR首先会应用在游戏领域。大概有2.5亿人会用X-box或PS玩一些沉浸式游戏。我本人就非常喜欢打游戏，我身边有很多游戏爱好者，他们以后可以身临其境地玩太空游戏、格斗游戏或者竞技游戏，而不是看2D图像。

主持人： 2016年会成为VR年吗？你和谷歌眼镜项目在竞争，是吗？

扎克伯格： 2016年是消费级VR开始发力的一年。去年我们和三星联

---

① VR：Virtual Reality，即虚拟现实，简称VR，由美国VPL公司创始人杰伦·拉尼尔（Jaron Lanier）在20世纪80年代初提出，是一种综合利用计算机图形系统和各种显示及控制等接口设备，在计算机上生成的、可交互的三维环境中提供沉浸感觉的技术。

② AR：Augmented Reality，即增强现实，简称AR，是一种实时地计算摄影机影像的位置及角度并加上相应图像的技术，在20世纪90年代初提出，目标是在屏幕上把虚拟世界套在现实世界并进行互动。

合发布产品，今年我们会发布新一代产品，叫Oculus Rift^①，它里面内嵌运算能力非常强的芯片，能够很好地模拟周围的环境。我很难去描述这个感受，需要大家亲自尝试之后才能体会。

主持人：马云，你能帮助小扎在阿里巴巴平台上出售这样的产品吗？

马云：没问题！小扎刚刚说的很多技术内容，我听不太懂，但我的团队跟我说了很多VR和AR的发展情况。就像1994年我开始做互联网公司的时候一样，我对互联网一无所知，但我想的是怎样帮助人们更简单地做事。所以，当我听到VR和AR时，我想的是怎样帮助女性和孩子更方便、更快捷地上网买东西，如何用这些新科技促进销售，使得用户有更好的购物体验。我们一定会实现的。

主持人：下面我们来讲讲技术和技术的影响。我想问一下小扎，你觉得过去几年，在技术方面，最大的惊喜是什么？也就是说，你最喜欢的创新是什么？对你本人而言，技术在哪个方面能最大限度、最快地改造世界？

扎克伯格：我们已经讲到AlphaGo打败了围棋大师，这是2016年让我意外的事情。之前专家们觉得还需要几年，人工智能才能真正打败人脑。这说明人工智能的研发速度非常令人欣喜。希望我们能够开发出更多人工智能的应用，还有其他更有意思的应用。比如说，我想到了自动驾驶汽车，可以帮助我们节省时间，减少事故。用马云的话说，机器是不用睡觉的，而且能更好地记忆，所以机器驾驶汽车会比人驾驶更安全。从公共安全方面来说，我关注自动驾驶技术，当然，目前这个技术还需要完善其中的系统。

---

① Oculus Rift：一款为电子游戏设计的头戴式显示器，是一款虚拟现实设备。

在健康领域，也有很多事情可以靠人工智能来促进。比如说疾病诊断准确率的提高，可以用人工智能去分析每个人的基因、体征和病症，实现早期诊断，实现更早、更有效的治疗。

主持人： 我想问问马云，你眼中的技术以及技术对世界的影响是怎样的？

马云： 我觉得学者和创业者之间的区别在于，学者永远期待大变革，而创业者则期待小的变化。在我们公司，我们花时间在小的、有趣的创新上，解决小问题。只有从解决小问题着手，才能解决大问题。两个月前，我到一个篮球联盟访问。联盟的人告诉我，最早发明篮球的人，每次投篮后要登梯把球从篮筐里拿出来，一场比赛要花两三个小时。20年后，人们想到，可以把篮筐的底剪掉，这样球就可以直接掉下来。这样的小创新就花了20年，大的创新可能需要上百年。

我们很幸运，生活在最好的时代。说到创新的影响，我觉得接下来的三四十年里，生命科学技术会有一个巨大的突破，会让人们的寿命更长。这要归功于计算和数据。过去300年，科学发展日新月异，人们对地球外的世界、对太空的认识越来越全面，今天我们已经基本认识了火星是什么样的，但人类对自身的认识并没有进步多少。一旦有了新的计算能力，有了人类的行为数据，接下来的三四十年，人类就能更好地认识自己、帮助自己。我希望百年后，当人类能够解读长寿奥秘时，不得不出台一种法律来限制人类不得活过200岁。我对生命科学的期待是：如何让人类更健康、更快乐、更长寿。

知识让人聪明，聪明的人知道自己需要什么；经历挫折让人更具智慧，智慧的人才知道什么时候去放弃。从IT时代到DT时代，IT让人更像机器，DT让机器更像人。我们已然进入一个新世界，必须在未来30年里充满智慧地放弃一些东西，不然我们会有麻烦。

中西方文化差异：智慧与知识

主持人： 人工智能和生命科学是未来技术的两大前沿。下面我们来谈谈文化，你们两个人都是跨文化的代表——熟悉中美文化。从商业和创新的角度来讲，你们对文化怎么看？

马云： 我想西方文化和东方文化都是非常有意思的独特文化。过去100年里，中西方一直在讨论和辩论我们之间的不同。我有一个美国的好朋友，他说他很担心中国。我问，你为什么担心呢？他说，因为20年后，中国的GDP会超过美国，会比美国更强大，到时候你们就像美国人一样要控制世界。我说，你为什么会这么想？他说，我们就是这么想的。

这是我所知道的美国人的竞争观念，始终要树立一个竞争对手，要清楚对手在干什么。

但是在中国，我们讲究的是和谐，我们怎样去改变自己来适应外部世界？道教说，要怎样改变自己去和环境融为一体；儒家说，要怎样改变自己，和社会取得和谐；佛教说，要怎样改变自己的行为，让我们和我们的内心融合一致。东方文化并不是特别热爱竞争。这是东西方文化的巨大差别。

比如说中国足球，13亿中国人中找不到11个踢球踢得好的人，问题在于我们的文化不同。我们的个体运动项目比较强，团体运动项目不太强。我们也不太善于竞争性的对抗。在美国，小孩放学回家，家长会问孩子有没有向老师提出一些尖锐的问题，而中国家长会问孩子有没有和其他人打架、吵架，有没有听老师的话。我们的教育观是教育我们的孩子怎样成为一个好孩子。电影也不一样。我非常喜欢看美国电影，英雄一开始看上去像一个坏人，灾难发生时，就变成了好人，无论怎么打他、虐待他，他都死不了。但是中国电影里，只有死了的人才能成为英雄。所以，我们是完全不同的两种文化。

在中国，我们更多关注的是智慧。几百年前，无论是东方人还是西方人，都依赖于哲学和宗教。而随着时代的进步，一切都和知识相关，人们开始更多地专注于知识。我认为西方是知识的代表，而东方是智慧的代表。东西方文化到底谁会赢？我认为，能够结合东西方文化的人才会赢。

主持人：小扎，你跟我们说说文化差异。

扎克伯格：我对中国特别乐观的一点就是：中国非常关注技术。在全球，未来更多的就业岗位可能都需要技术人员。总的来说，全球的技术人才、工程师是有限的，世界上所有国家都希望能培养出工程师。中国一直非常强调理工科的教育，比如说，很多政府官员都是理工科出身的工程师，他们在解决问题时都运用工科思维，受过非常严格的学术训练。

我认为，这会成为中国的一个优势，我也希望其他国家能够学习中国重视理工科的思路。也许因为我自己是搞技术的，所以比较关注技术，我对文化不是太擅长。我没有办法像马云先生那样，想得那么有哲理。

马云：我不懂技术，只能花时间想哲学。在技术上，我非常敬重小扎，他尊重东方文化，不是为了赚钱而学习中文，而是本能地喜欢中国文化。我还发现中国人和西方人之间有一个很大的差别，就是中国人对花钱给自己买东西非常谨慎，但是他们在投资股市的时候非常有激情，毫不吝啬。美国正好相反，美国人在投资时非常谨慎，但是他们非常舍得花钱给自己买东西。

　　另外，美国人对中国了解很少，但是中国人一直在试图了解美国。到中国大街上随便找100个年轻人，至少有80个是多少会讲点英语的。你到美国去，在街上随便找100个人，可能最多也就三五个人会讲一点中文。

　　我们非常想向美国学习，为的是改变我们自己。这是我们中国人非常独特、非常有意思的地方。用欣赏和尊重的目光观察与自己不同的人，然后从中学习，这会让世界更美好。

创业：为使命工作

　　主持人：尽管两位说得很不同，但你们有一点相同，都是创业者。小扎辍学创业，马云先当教师后创业。你们对想创业的年轻人有没有什么建议呢？

　　扎克伯格：创业者应该关注自己能解决什么问题，而不是想着怎么去开办一家公司。我觉得硅谷有一种非常奇特的文化——人们觉得开公司是一件非常酷的事情。很多人都说我想开公司，他们甚至都不明白想解决什么问题就成立一家公司。我觉得这是非常疯狂的。你怎么可能这样来建立一家好公司？对我来说，做公司的最终目标在于实现长期使命，无论是解决一个具体问题，还是服务少数人群，乃至改变世界。只有基于这样的使命才可以来建立一家公司。如果真的能创造一种别人喜欢使用的东西，就会有合作伙伴，就可以招到员工，也可以进一步把产品推向世界。

　　有很多人问我，我想成立一家公司，该怎么办？我会跟他们说，你先想好自己要做什么，你想解决什么问题。等你想好了，再来成立公司，而不是相反。

马云：我也经常碰到很多人对我说想成立公司，我同意小扎说的，你首先要确信，你有一个使命，你要去解决问题。不能看到别人在创业，你也去创业。你想创业的动力不应该来自做这个能赚钱，你想创业的动力应该是就算把房子卖掉，就算放弃一切，你也要做这个。如果你有这样的信念，那就去做！

我并没有接受过任何关于技术方面的训练，我原来是一名教师。教师的品质就是希望学生比自己更好，能够超越自己；教师的产品就是学生。我现在就是阿里的首席教育官，我希望员工在未来比我做得更好，这就是我管理公司的方法。我觉得，互联网是可以改善人的生活而不是为自己赚钱的工具。我认为，人要有去解决问题的使命。

有人想要加入我们公司，说：马云，我想为你工作。我说你别为我工作，我是为使命工作，如果你为使命工作，那我们可以解决很多问题；如果你为我工作，那你未来肯定不会有好前途。因为我今天这样想，明天那样想，但我的使命是不变的。如果有一群人相信这一使命，相信我们共同的梦想，而不是一群人相信你这个人，那就会成功。

下一代的教育：有好奇心才有更好的未来

主持人：小扎，祝贺你女儿的诞生。在创新方面，你想教给你女儿什么呢？我看到一张照片，你抱着你的女儿读一本书，叫作《给宝宝的量子物理学》（*Quantum Physics for Babies*）。这是她应该学的东西吗？

扎克伯格：我承诺过我的妻子，我要教女儿学中文。我们夫妻经常开玩笑，说女儿的母语是英语和生涩的中文。我太太从小在美国长大，所以她的英文要比中文好，我俩真不知道谁该教女儿学中文。但是，我希望教给她一种好奇心。世界上有那么多东西不是显而易见的，我希望她能通过学习，意识到很多东西需要自己去探索。那本书是一个朋友送给我们的，叫作《给宝宝的量子物理学》，我希望她能慢慢去学习物理。

不管她未来想做什么，做老师也好，像她妈妈一样做医生也好，或者她想从事自己的事业，我希望她都能有这样的求知欲。求知欲就是我想知道为什么，以及我为什么不能做得更好。

马云：我为我女儿感到幸运，她不需要去学量子物理学，我自己也不知道量子物理学是什么东西。我们这么辛勤地工作，目的是让我们的子孙能够活在更好的世界。我希望孩子能够安康，更加幸福，更加乐观。我并不关心女儿未来做什么，只要她长大以后更健康、更快乐，能乐观地去解决问题，乐观地应对挑战，就是好的。

未来中国经济的三驾马车：消费、服务和高科技

提问：马云先生，你好，我来自耶鲁大学。你是中国消费的引擎，马克是能让引擎开动起来的人。你们想对今天的主题讲点什么？

马云：我创业的时候，希望我的公司能延续102年的时间。所以，公司内部做任何计划的时候，我作为董事局主席，要去考虑未来10年的发展。CEO考虑的可能是5~8年之后的情况，VP（副总裁）级别的人考虑的是3年的规划，总监级别的人考虑这一年的打算，普通员工则关注眼前的工作。中国的经济会有起伏，但在10~15年的长周期里，我觉得中国的经济是会非常好的，现在是最痛苦的时期。

过去30年，中国享受了非常棒的红利，现在需要付出一点代价。接下来的15年，中国的经济会转型为以消费、服务和高科技来拉动的模式。

人们说中国经济增速在放缓，但我们还没有失业的问题。年轻人能够找到工作，消费领域、高科技行业、服务行业能够创造就业机会。观察一下中国经济的三驾老马车，投资、出口和国内消费，我觉得在基建方面，应该会从基建投资变成基建的经营管理。过去几十年，国家在基础设施方面投了那么多钱，现在应该更好地利用这些基础设施。在出口方面，中国不应该只看重低品质和廉价出口获得的微利，我们要让中国的制造业真正实现技术升级，生产出更好的产品。

至于内需，内需应该让市场来驱动。在接下来的三五年里，我们要更好地把老经济发展模式转变为以消费、服务和高科技拉动的新经济发展模式。

对阿里来说，接下来的几十年里，消费、服务和高科技都和我们有关。所以，我告诉我们的团队，这就是我们的工作、我们的机会。只有创造就业机会，才能让经济可持续发展。

提问： 你好，我是亚洲基础设施投资银行（AIIB, Asian Infrastructure Investment Bank）的代表。刚才扎克伯格讲到还有40亿人没有接入互联网，马云又讲到了基础设施的投入。我想问一下，在开发基础设施，在亚洲实现互联互通方面，你们有什么样的建议？

扎克伯格： 40亿没有办法用互联网的人，很多是在亚洲，但实际上，中国比很多国家做得要好。看一下全球的统计，贫困线以下的人已经从10亿下降到了5亿，这个成就的取得大部分归功于中国。实际上，其他地区还出现了贫困人口的上升。

我们感到比较受鼓舞的一点是，互联网在不断普及。每十个人接入互联网，就能帮助一个人脱离贫困，帮助两个人找到工作。农村地区的基础设施相对落后，但互联网可以让这些地区的学生获得相关的学习资源。就医也是如此，在农村地区，如果没有办法找到有经验的医生，病人可以通过互联网来寻找医疗资源。找工作也是如此。中国在互联网基础设施的建设上已经走得比较靠前，接下来的5年，还会继续推进。

印度15亿人里，有10亿人没有用上互联网。如果我们能把印度的基础设施建设起来，就是一个非常大的机会所在。

马云：我喜欢这个问题，我觉得发展中国家有非常大的潜力。我们认为投资的重点应该转到农村，10几亿人生活在农村，怎样确保他们能用上互联网和移动互联网？另外就是教育体系，怎样让他们通过互联网或移动技术来接受教育？

过去，我们在IT上投入了很多。IT时代会出现二八对立的情况，20%的人致富很快，80%的人没有受益。但在DT时代，应该建立普惠的金融和基础设施，让80%的人受益。在DT时代，应该让80%的人通过基础设施的改善而生活得更好。接下来的30年里，我们应该走向农村，用技术来帮助这80%的人。如果80%的消费者和小企业能够释放他们的潜力，那将会有非常巨大的机会。过去的投资很多都给了大型跨国企业，现在我们应该用基础设施的投入来让80%的人富裕起来，这是我们要做的。

5. 旧金山对话硅谷精英

背景提示:

2013年5月7日,马云在美国加州斯坦福大学参加"对话硅谷精英"活动。马云此次演讲以"感恩"为基调,称没有硅谷就不会有阿里巴巴。他在讲话中回顾了自己创办阿里巴巴的心路历程,认为是时代和团队造就了自己的成功;更称自己是个完全不懂技术的CEO,所以尊重和敬畏技术人才。此次活动的主要目的是吸引更多海外人才回国加入阿里巴巴。

如果你毫无行动,那么世界的变化将跟你毫无关系

马云: 我昨天在洛杉矶参加了大自然保护协会(TNC)的会议,这次演讲可能是我辞去阿里巴巴CEO之前的最后一次演讲。没有硅谷,可能就没有阿里巴巴。

这真是一个很有意思的时代。1996年的时候,有天晚上我骑车路过杭州市文二路,看见几个人在偷窨井盖,当时我也不知道哪来的勇气,冲上去让他们把它放回去。这时候,突然有人来帮忙了。后来我才发现这是

电视台在做一个社会公共参与的测试，据说我是那天晚上唯一通过这个测试的人。这个世界在变化，如果你毫无行动，那么这个变化将跟你毫无关系；反之，你就能成为这个变化的受益者。那是我第一次出现在电视上。

第二次上电视，是因为《东方时空》有个叫"百姓故事"的栏目。那时候我去国家部委游说，向他们介绍互联网，结果被他们拒绝了，因为他们说我看起来像个坏人。我从1994年年底、1995年年初就开始做互联网，比瀛海威①早半年，所以我应该是在中国做互联网的第一人。当北京中关村写着"中国人离高速公路有多远"的时候，我已经创业半年了。

我很感激这个时代。我第一次去哈佛演讲，主题是"为什么在中国做互联网有生存空间"。我觉得有三个原因：我们没有钱；我们不懂技术；我们从来不规划。第一，我们创业的时候只有5万块钱，很多创业者之所以失败，可能正是因为他们太有钱了。当你认为钱能够解决问题的时候，那你一定还没有碰到真正的问题。到现在为止，阿里巴巴可能是中国互联网甚至全世界互联网行业现金储备比较多的公司。第二，我们没有技术，我也不懂技术。到今天为止，我还不明白Coding②是怎么回事。我觉得阿里巴巴这家公司最悲剧的一点是CEO完全不懂技术，最幸运的地方也是CEO不懂技术。因为不懂技术，所以我信任员工，信任工程师。外行是可以领导内行的，关键在于要学会尊重内行。因为不懂技术，我变成公司里

---

① 瀛海威：创立于1995年5月，曾经是中国互联网行业的领跑者，后因经营策略等问题而倒闭。

② Coding：Coding是一个面向开发者的云端开发平台，提供代码托管、运行空间、质量控制、项目管理等服务。

技术产品的唯一检测者。我相信中国、世界不缺技术，缺的是对技术的欣赏，对技术的敬畏。第三，我们没有计划。我没有写过商业计划，有一次在硅谷，我试着写过，但被否定了。1995年我们创业的时候，再详细的商业计划都让人感觉是忽悠。但我们有方向感，我们在执行，最后我们用行动做到了。

现在改变世界靠的是想法和技术

马云：阿里巴巴为什么会有今天？因为这是一个变革的时代，过去30年发展得太快，未来30年只会越来越快。我们要看到，任何一个时代的变化都是年轻人的机会。

从创业的时候开始，阿里巴巴的使命就是让天下没有难做的生意，我们想帮助创业者。这个世界变化很快，你很难了解消费者的真正需求，但小企业了解客户的需求。中国有无数小企业，美国有无数小企业，非洲有无数小企业，只要有小企业的地方，我们就有机会。如果没有小企业，我们就把大企业搞小。工业时代靠规模取胜，信息时代、数据时代则是靠创新取胜，靠个性化取胜。现在改变世界靠的是想法和技术，技术可以改变很多人的生活。我们到美国来，是希望能够为美国的中小企业做些什么事情。我们敬畏技术，我们敬畏未来的发展。

"海归"人才未来10年的发展机会

主持人：马总的演讲我听了13年，每次都那么心潮澎湃，每次都能得到新的灵感。我们搜集了一些问题，我先来问问马总：中国经济发展得越来越快，您可否谈谈现在回到中国的人才在未来10年的发展机会？

马云：我相信未来10年，全世界会发生天翻地覆的变化，中国的变化会尤其大。今天中国的机会在于内需市场正在发生变化，需求正在发生变化。从前中国人乐于卖东西，但是现在，中国人开始消费了，这是一个很大的变化。互联网使我们的社会、生活等方方面面都在发生变化。对海归人员来说，只要你愿意改变自己，能适应当地的环境，就一定会有机会。我一直觉得"海归"要淡水养殖，"土鳖"要海里放养，"海归"在海外没有机会，"土鳖"在国内也没有机会。

提问：马老师您好，以您的口才和多年的创业经历，如果您将来不回到高校跟各位学生分享，那太可惜了。我想问的是，以后您有没有可能到学校去分享一下您多年的创业经历？

马云：如果能够做点事情，我对中国教育体制的改革还挺有兴趣的。但是，去学校里应该少说话，一说多了，台上的人烦，台下的人也烦。年轻人没有经历，我说的他们不一定能理解。我记得有一次到北大去演讲，学生们听得很高兴，以为我在讲单口相声，但有几个创过业的，都眼泪哗哗的。我的演讲可能只对有共鸣的人有帮助。以后我会在创业群体里多讲讲，因为我们都吃过苦，而且不能像祥林嫂一样，讲的故事都一样。所以我想，学生们应该先去市场上混两年，回来后我们再交流，这样可能会好一点。

我当不了巴菲特

提问： 巴菲特从一家保险公司开始创业，他最大的成功经验在于利用好保险公司的现金流做好投资。现在阿里巴巴也成了现金储量非常大的公司，你们是否也能够像巴菲特那样利用好现金流？您有没有想过成为中国的巴菲特？

马云： 巴菲特是时代的奇迹，想要诞生奇迹，是很累的。我从来没想过当巴菲特，我觉得我也当不了巴菲特，但你这个问题是个好问题。我们的钱是从哪里来的，我仔细想过。多年前刚创业的时候，我们穷得一塌糊涂。我问我太太，你希望我成为中国首富，还是成为真正做企业的人、受尊重的人？我太太说，当然要做受尊重的人。那句话对我影响很大。到今天为止，我甚至都没有想过当杭州的首富。因为当首富太累了，有钱不一定就叫首富。

你有100万人民币或者100万美元的时候，这个钱是你的，你有幸福感。你有1000万美元、2000万美元的时候，你会感到麻烦，担心贬值，就去投资，结果却失败或者担心失败，这就是不幸福。你有一两个亿或者10个亿的时候，你该明白，这不是你的钱，是别人给你的，是社会给你的，让你帮着管理。这是对你的信任。

我早就想明白了，像腾讯、谷歌、微软这样的公司，包括阿里巴巴，有那么多现金，是社会相信我们这些人拿着这些钱，投资的效率比别人高，创业成功的机会比别人大。阿里获得这些钱后，我的想法是我们得把钱花出去。我们不花，别人会替我们花，银行会替我们花。至于怎么干，我还没想好，但我们肯定要干一干。多做一些投资，多帮助一些人。我投也会失败，人家投也会失败，为什么这个失败不留给我们自己的公司？

最倒霉也不过是赵本山说的，你死了钱还在，别人在花你的钱。所以我觉得，活着的时候，脑子还不错的时候，该去花钱。这个花是替社会去花，替信任你的人去花。成为巴菲特，我觉得太难了，巴菲特有这么多钱。我可以跟盖茨比比谁退休退得早，我要比他早几年退休。巴菲特是靠钱成功，我们是靠人、靠组织、靠互联网成功，在完全不同的领域，有不同的玩法。你跟乔丹打篮球，一点意思都没有，要跟他下围棋。

数据时代的数据是拿来分享的

提问： 我是搞学术的，我的科研和教学需要基于数据分析。阿里巴巴作为平台，有很多数据，您能讲一讲阿里巴巴在中国和在全球怎样支持学术吗？

马云： 信息时代和数据时代有巨大差异，信息时代的数据是拿来分析的，数据时代的数据是拿来分享的。我觉得我们的数据在保证安全、保证隐私的前提下，要让更多的人拿去用，这才是我们对社会的贡献。关于安全和隐私，这是很复杂的问题。

阿里巴巴做到今天，对社会进步可能有一些贡献，但在对学术的支持方面，我们确实做得不是太多，以后我们会在这方面投入更多，包括对学术探讨的支持、学校教育的投入。当然，有时候学术很宏观，我们听得很糊涂，就像诺贝尔经济学奖获得者们的讲话，我一句也听不懂。国内很多经济学家的讲话，我虽然能听懂，但他们的观点不一定是对的。太学术的内容一下子应用到企业中，发展起来就有点累，但我们可以慢慢来，我会听取你的建议。

在中国，做移动互联网的机会比做PC互联网还要大

提问：我是做移动互联网的，做了10多年，创业也有5年了，我的问题跟移动互联网有关。我看到您最近在做阿里云，请问你们在战略上是怎么考虑的？

马云：无线是PC互联网最大的挑战，也是互联网最大的支撑。很多人还没搞清楚PC互联网是怎么回事，就已经进入了移动互联网时代。移动互联网一定是不一样的方向。我们这些人看互联网，是从互联网角度看传统行业，而无线互联网从业者是从无线角度看互联网，这对全球所有互联网公司来讲都是巨大的挑战。谁先改变自己，谁就能掌握主动。

在中国，做移动互联网的机会比做PC互联网还要大。中国的三、四线城市和农村，跨越PC时代直接就进入了移动互联网时代，每人一部手机，手机已经代替了PC。我个人觉得，手机将来会成为数据消费器，它真正改变了我们的生活方式。其实三四年以前，我们公司内部做过讨论，也做了很多部署，我们在OS（Operating System，操作系统）上和数据上做了很多工作。中国对无线互联网的应用还不算很丰富，但也有做得很好的，比如微信。在应用层面，我相信我们会有更多更好的应用出来。阿里希望在数据和计算方面投资更多。我们希望建立一个平台，就像淘宝一样，我们自己不卖货，只帮助那些有应用的人卖货。所以，我们今天在OS和数据层面、在平台上有大量投入，去帮助那些希望得到更多数据和技术支持的人。

提问：5月10日之后，如果您看到阿里巴巴前方有一个大坑，您觉得阿里可能跨不过去，但是您的下一任CEO觉得可以跨过去，您会提醒他，甚至把他拉回来吗？

马云： 5月10日以后，前面有个坑，你要跳，就跳吧。兵权已经在人家手上。信任，何为信，何为任？信和任是两个概念，以前讲"用人不疑，疑人不用"，现在要讲究"用人要疑，疑人要用"。信任是把这两句话结合起来。我是信任下一任CEO的，我跨不过去，说不定他能跨过去。有人跟我讲，无线没希望，因为字太小。我说，你看着小，年轻人看着很大。年轻人比我们厉害，你东担心西担心，你要摔死，年轻人不会摔死。

eBay不是我们打跑的

提问： 马老师您好，我看过一部纪录片《扬子江中的大鳄》，说的是您当年带领淘宝把eBay赶出中国的故事。现在这件事情已经过去快10年了，我们回过头看10年前的鏖战，您觉得淘宝把eBay赶出中国的秘诀是什么？

马云： eBay不是我们打跑的，这是他们自己的策略问题。那场"鏖战"，起初我们不知道对手有多大，我们总共凑起来3000多万元人民币，eBay大概带来800多亿美元。这不是鏖战，鏖战是两方势均力敌，而我们跟eBay是根本没法打。我们比堂吉诃德还义无反顾，我们把打变成一种乐趣。eBay不是被打败了，是后来被吓坏了。

那时候我们做出判断，中国将来会有1.8亿上网的人，所以做电子商务，要有长期的战略。eBay输掉，可以离开中国，马云输掉，就无家可归了，所以我们必须赢。跨国、跨文化做企业是很艰难的事，必须积累。放弃是最容易的，可能再扛个两三年，我们也会扛昏过去。所以，我们的运气是很好的，eBay突然宣布撤出中国，不打了。当然，雅虎也帮了我们很大的忙，给我们投了10亿美元，要不然就会没完没了地打下去。很多人认为打仗是靠钱，其实不是，靠的是创新。直到今天为止，阿里做任何事情，都会思考一个问题：5年之后会不会成功，10年之后会不会成功？如果5年或者10年以后能成功，我们才干；如果是明天就能成功的事情，那我们一定不会干。

那时候我说，我们是扬子江里的扬子鳄，扬子鳄其实不大，但eBay是海里的鲨鱼，只要在长江里打仗，我们就有机会。那些话只是鼓一鼓士气而已。所以，直到今天，我们也没敢到海里跟他们打。今天，只要找到好的方法，蚂蚁是可以把大象搞翻的。只要你懂得办法，还是有机会的。不要看对方有多少钱，不要看对方企业有多大，搞死大企业的往往都是小企业；搞死你的企业的，一定是你今天看不见、看不起、看不懂的人，你看得见的都不是对手。

阿里巴巴的选人和用人标准

提问： 以您的经历来讲，在创业前期和创业中后期，您觉得选人和用人的标准应该是什么？

马云： 创业前期的文化和创业后期的文化有什么区别？我告诉大家，没有区别。永远要找对事情特别感兴趣的人，而不要找最懂的人，尤其是在做一件前人没有做过的事情时，你要找到好这口、愿意学习的人，而不是找最懂这方面的人。就像今天的中国，有那么多互联网特别是电子商务的专家和分析师。谁是专家？谁是分析师？这个行业才诞生几年，就出来专家了？我们跟谷歌有点不一样，谷歌喜欢世界上一流的人才，我认为世界上不存在一流的人才。阿里巴巴喜欢平凡的人，认为自己是一个平凡的人，愿意学习，这就是我们需要的人才。因为我们做的是前人没做过的事情，大家一起来学习，一起来努力。

一定要记住，要找适合你的人，不要找最好的人。我们都犯过这样的错误，有了钱以后，马上找一些顶尖的、某某大公司出来的人，那样基本上都会完蛋。一台拖拉机，装了个波音747的引擎，拖拉机一启动，整个都会完蛋。我们希望找民营企业里的正人君子，跨国公司里的叛逆者。跨国公司都是讲流程的，我要找其中的叛逆者；民营公司都比较野，我要找其中的正人君子。

创业原则：做自己最开心的事，从最容易的做起

提问：一家公司的竞争力之一便是公司文化，阿里巴巴的公司文化跟一般的美国公司的文化还是有差别的。你们靠着十几个人的班底，获得了现在的腾飞，您觉得最主要的原因是什么？

马云：阿里巴巴并没有成功，只是我们现在还活着。全世界谁敢担保自己今天就是成功的？过去在互联网行业，谁不对雅虎充满敬畏，但雅虎不也有今天？这个世界的变化，谁都说不准。我们只是在合适的时候做了一些我们认为正确的决定。阿里有自己的使命和价值观，没有这两样东西，其他都是空的。我们做任何事情，目标都很明确。你去问一下阿里的员工，他们都知道自己在干什么，就是让天下没有难做的生意。

很多人批评我们：你们说让天下没有难做的生意，可我们在阿里的平台上运作得并不好啊！我要说，这是两个概念，我不能让你活好，上帝也

做不到。上帝能让全世界的人都一样富吗？不可能。我们只是围绕我们的使命尽我们最大的努力。到今天为止，让我最感动的是，我们一直在坚守这些原则和底线，哪怕是在最痛苦的时候，我们也是有幸福感的。

提问：阿里巴巴未来是否会IPO？如果有这个打算，你的时间线是怎样的？

马云：IPO对我们来讲不那么吸引人。阿里巴巴之前在香港上过市，如果上市是结婚，下市是离婚，那么我们结过婚，也离过婚。我们知道什么是婚礼，办婚礼是需要时间的。所以，我们今天并不关心什么时候办婚礼。我们关心的是我们这个婚姻能有多美好，能多持久，能给自己、给别人带来多少快乐，我们要在这方面多花一点时间。至于婚礼这个仪式，在哪儿办都一样。只有这样，这家公司才能走得久；只有这样，这家公司才能活得有意义。

很多人爱抱怨，说这个不行，那个也不行。我跟大家讲，我从来不抱怨任何人，抱怨别人没有意义，我只抱怨自己。在座的每个人，你们这辈子衣食无忧了，为什么不改变一下自己，尝试一下，去中国、去其他公司，去做自己想做的事情？有一位老人跟我说过，人死的时候，一定会因为一辈子没做过什么而后悔，绝对不会因为做过什么而后悔。

你们也一样。你们不一定都要到阿里巴巴来，但来了我会很高兴。只要你积极参与对社会进步有贡献的事，只要你参与改变自己的人生，就值得努力去做。刚才我说过，永远要找最喜欢这个工作的人、去享受它的人。除此之外，永远要找自己最开心的事情去做。所以，创业的原则就两条：做自己最开心的事，从最容易的做起。

6. 亚布力对话商界精英

背景提示:

2016年2月20日,马云应邀出席在黑龙江举办的亚布力中国企业家论坛,并做了专场演讲。

判断经济好坏,跟GDP关系不是太大

马云: 早上好!很多人都去滑雪,我没有去。我第一次学滑雪是在亚布力,学完滑雪以后,我去了瑞士。因为在亚布力学会了滑雪,所以我认为在瑞士就可以去滑雪了。在瑞士,我坐了15分钟的缆车爬到了山顶,下来一看就把自己给吓坏了。我不知道15分钟可以爬那么高,山的坡度很陡,所有的滑雪道根本就找不着道,我根本就不敢滑。我就用了将近两个半小时走了下来。

有时候,我们以为自己知道很多东西,以为自己懂,如果对未来没有敬畏之心,对昨天没有感恩之情,那么我们可能会永远跌跌撞撞、磕磕绊绊。

今天，各家企业可能碰到了困难。大部分人有的困难我都有，而且我的困难更大，我的烦恼更多，我相信我碰到的很多困难，在座的很多企业可能还没碰到。但是，怎么办？选择了做企业，选择了做阿里巴巴，选择了做互联网，选择了一帮年轻人一起做这件事情，你只能坚持下去。

阿里今天要面临的问题挺多。那时候，王石出去爬山，我问他为什么去爬山，他说爬到山顶上可以想得很清楚。我自己坐在马桶上也能想得很清楚，我每天都在爬山、翻雪山。所有企业家天天都在想怎么过雪山，怎么过这个坎儿那个坎儿。我们必须看清楚未来的灾难，只有看清楚灾难，看清楚困难，知道有灾难、有困难的人，才有资格乐观。如果你都不知道未来的灾难在哪里，你的乐观肯定是盲目的。

今天的经济形势对谁来说都不好，这其实是好事情。如果就对你不好，那你的灾难就大了。更何况经济好坏，其实跟你也没多大关系。哪个国家的经济没有问题？都有问题。转型升级这么多年，说中国经济不可持续这么多年，我们面对经济问题，恐慌情绪的破坏力要比经济下行的破坏力来得更大。金融危机的爆发其实就像海啸一样，今天在美国，之后可能会到中国，这是一个过程。

人人都在喊转型升级，但转型升级付出的代价有多大，我们不清楚；该怎么去做，我们也没有做好准备。今天看来，以能源、石油、资源为支撑的整个经济的下滑已成定势。

判断经济好坏，其实跟GDP关系不是太大。判断一个国家的经济是否健康，是否有希望，就看就业是否稳定，年轻人是否有就业机会。如果年轻人缺乏就业机会，哪怕GDP很高，经济也是不行的。如果年轻人就业出现问题了，才真是大家的灾难。

中国现在出现了三个新的经济增长点，这三个新的增长点是消费、服务和高科技。这是中国的新"三驾马车"。如果把传统的基础设施投资、出口、内需称为三驾马车的话，那么消费、服务、高科技就是三辆奔驰轿车。

第一，基础设施的投资。30年来，我们投了这么多钱，是否应该从基础设施投资变成基础设施应用？我们投了那么多设备，但应用能力之差，是超乎大家想象的。如果国家把几十年的投资开放给民营企业，那么运营必须是专业的，必须交给市场去运营。所以，这是一个巨大的机会所在，我们要把我们自己的资产盘活，把这个国家从前投资的东西做好。第二，以出口为导向的经济是不可能持续的，必须进出口平衡发展。中国已经成为全世界巨大的卖家市场，还必须成为全世界最大的买家市场。我认为我们要学会买，学会把其他国家的东西买进中国，加速中国的转型升级。中国不是产能过剩，而是落后产能过剩，高价值产能不够；中国不是不会生产马桶，而是不会生产好马桶、有创意的马桶，所以必须考虑到进出口平衡发展。

什么是内需？内需就是消费。为什么消费做不起来，内需做不好？因为投资和出口是政府导向，消费是市场导向，是企业导向。政府有这个能力搞基础设施投资，政府能够利用各种各样的方法把出口刺激起来，但政府很难把老百姓口袋里的钱掏出来做点什么事。所以，把老百姓口袋里的钱掏出来的事情是企业家的创新，是市场的行为。

什么是消费？消费的"消"是可以消耗的东西，"费"是可以浪费的东西。以前我们认为汽车和房子是内需，但汽车和房子一辈子可能也就买一次到两次，汽车和房子里面的东西才是天天可以消费的，墙上挂一幅毕加索的画根本就是浪费。只有消费起来了，中国的经济才会起来。所以，刺激消费是搞创新，搞市场行为。中国可以做的事情非常多，企业在迷茫的过程中只有一个问题：你的想象力不够。

中国有3亿中等收入人群，收入是中等收入了，但我们的消费能力还是农民水平。我们不鼓励老百姓去消费，我们不鼓励年轻人去花钱，那就是我们对未来没有信心。其实，对未来的信心也不是所谓的建立整套医疗保障体系，这又是学者思想。真正的对未来有信心是对年轻人有信心。中国有大量的年轻人加入了高科技行业，加入了消费行业，加入了服务性行业，这是我们的机会所在。

我自己对中国经济的长远发展一直充满信心。我们要忘掉短期，如果你做企业是为了明年，为了下个季度，那你只是个职业经理人，职业经理人考虑的是下个季度的事情。做企业要考虑的是5年、10年、20年的事情。如果从20年的角度来讲，经济有几个轮回。请问哪一家大公司没有经历过倒霉时期？没有经历过倒霉时期的企业，绝对不能成为一家企业。没有受过伤的女人哪叫女人，没有受过伤的男人哪叫男人？那是女孩、男孩。企业也一样。所以，未来中国也只有这条路可以走，以消费拉动经济。消费拉动就是创意拉动、创造拉动、创新拉动，鼓励创造、创新，鼓励走向市场经济，这是我们巨大的机会。现在是勇者胜、智者胜、能者胜的时代。

我对未来是充满信心的，但对今天、明天，我胆小谨慎，如履薄冰。今天很残酷，明天更残酷，后天很美好，但是绝大部分人死在明天晚上，见不到后天的太阳。相信这一点，你就会走出去。

客户第一，员工第二，股东第三

亨利·吉斯卡·德斯坦[①]：客户的需求跟股东的需求有时候是不一致的，比如说每个人都希望用很便宜的价钱买一瓶水，一小时内送到家里。这样的话，客户是满意的，但从公司的角度来说，成本上不一定划得来。

马云：这是关于客户利益和股东利益的问题。阿里巴巴从成立到今天为止，16年来，一直坚持客户第一，员工第二，股东第三。只有满足了客户的需求，员工快乐，才有可能创新；客户满意了，员工满意了，股东一定会满意。不要相信股东对你讲，我是看长期效益的，因为他今天可以卖掉你的股票再买个新的。华尔街相信股东第一。股东第一问题就大，因为绝大部分股东不会明白你的战略，绝大部分股东不会明白你的痛苦，绝大部分股东只是从数据上分析你，而你是最了解自己的。所以，我先告诉大家，不要认为股东总是对的，尊重他们的意见，但最后的决定还是你做。

几年前，有一家公司做电子商务，他们说他们可以在一个小时之内把任何东西送到北京城里。客户说，我就买一瓶可乐。结果这家公司很快就破产了，它在一个错误的时机做了一件正确的事情。今天，你可以在网上销售所有的水，还能卖龙虾。去年我们帮加拿大卖了9.8万只龙虾，卖1只龙虾肯定是亏的。

2015年，阿里巴巴在浙江交了178亿元人民币的税，平均每个工作日要交8000万元人民币的税。大家可以去调查一下，在各个省里，前20家赢利的大户，有多少家来自淘宝天猫店。中国正在诞生一个新的实体，虚拟经济、实体经济并不是对立起来的，不是虚会赢，或是实会赢，而是虚和

---

① 亨利·吉斯卡·德斯坦（Henri Giscard d'Estaing）：Club Med全球首席执行官。

实加在一起才会赢。所有关店的老板都在埋怨，是互联网把我搞坏了。不，是你自己没抓住这个机会。未来10年，整个中国纳税最多的企业将是今天使用好互联网、使用好大数据和高科技，完全挖掘消费和真正的服务的企业。

以消费、服务、技术为支撑的年轻人，在2015年"双11"卖了900多亿元人民币。这里的百分之六七十的销售额来自那些从来没听说过名字、5年前根本不存在的公司。

这才是国家和时代的希望。这帮80后、70后的年轻人，他们用高科技的手段创造、创新，发现需求。为什么今天的零售业痛苦？百货公司当年把小商小贩全部打垮，他们当年发现了需求，创造了需求，而今天他们停留在房地产行业。今天是互联网公司发现了需求，创造了需求，引领了需求。这就是时代的进步。

李小加[①]：你刚才讲客户第一、员工第二、股东第三，你觉得这是一个普遍适用的价值观，还是仅适用于阿里巴巴、腾讯这样的公司？毕竟你们的公司发展到这么大，实际上没有花太多的资本，没有花太多的钱向资本市场或者其他股东去融资。对于一家传统的资本相对密集的企业来说，他们随时需要资本，资本市场的价格直接决定了他们是否能够进一步取得资本发展。在那个时候，如果他们也说股东利益是第三的话，应该讲怎样的道理？

马云：我认为客户第一、员工第二、股东第三是21世纪企业普遍适用的价值观。如果你想考虑创意、创新和创造，就要以人为中心。上个世纪是以机器、生产资料、能源为中心，所以毫无疑问，有钱就可以把机器买

---

① 李小加：香港交易及结算所有限公司集团行政总裁。

来，买来只要生产就行了。而这个世纪，人的要素将成为核心要素。把人作为第一要素，就是客户第一、员工第二、股东第三。我不会投资一家只靠一些资本，买一些机器、买一些原料、买一些能源就可以生产的公司。永远有人比你钱多，买的机器比你的更快。所以，这样的事我是不会干的。不管股东是否愿意，反正我是这样坚持的。

BAT①会不会扼杀互联网创新

阎炎②： 在"双创"环境下，我们发现在整个互联网领域，基本上形成了BAT三大家垄断。很多年轻人也说：在创业环境下，我们还有没有机会？从长期来讲，BAT对互联网的创新会不会起到扼杀作用？

马云： 我想告诉大家，BAT不是垄断，是暂时领先。今天年轻人碰到的问题，20年前我就碰到了。20年前，我听到比尔·盖茨、IBM就火大。我老是希望能成为比尔·盖茨，老是希望我的公司也能成为IBM，最后我发现连隔壁老王都比我好。但只要坚持，只要不断学习，还是有机会的。年轻人搞"双创"，别动不动就想成为下一个BAT。我们是靠抓住历史的机遇、碰到很好的时代、进入很好的行业，加上有很好的员工，坚持着使命才走到今天的。村里有地主，并不是把地主灭了你就能富起来的。

吴鹰③： 你认为有没有必要让三大互联网公司一起对客户提供更方便

---

① BAT是中国互联网公司百度公司（Baidu）、阿里巴巴集团（Alibaba）、腾讯公司（Tencent）三大互联网公司首字母缩写。
② 阎炎：赛富亚洲投资基金首席合伙人。
③ 吴鹰：中泽嘉盟投资基金董事长。

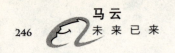
的服务？你个人愿不愿意做这样的事情？从阿里的角度来讲，你愿不愿意把大家绑在一起，更好地服务于市场？

马云：如果三家真的合起来做一件事情，那就真变成垄断了。我们三家一定要竞争，竞争的目的是让市场更健康，让自己更健康，对用户更公平。我愿意号召大家联合起来，为完善客户服务、服务市场做努力，我相信每家公司都在做这样的努力。为此，我跟马化腾先从公益上联手做起来，一步步达成共识。但是，要想清楚一点，我们不能幼稚，别看三家现在这么大，别看它们的现金收入很好，别看利润很好……当年的微软是多么强大，当年的摩托罗拉厉害得几乎让人望而却步，然而10年来，形势变化有多快。10年以后是否还有BAT，阿里巴巴是不是还能够存在，是不是还能够引领未来、创造未来，我觉得这些问题我们更应该去思考。

今天，人家说BAT太大了，阿里巴巴太大了，大到不可倒。没有一家企业是不可倒的。第一大经济体美国有多少像BAT这样规模的企业，第三大经济体日本有多少像阿里这样规模的企业？中国就这么几家而已。我们这么大的经济体，需要几十个BAT、几百个BAT，这才会使我们国家的经济繁荣起来。

陈琦伟[①]**：**我想请教一下马云，你的旺盛思想力的源泉是什么？你的常识是从哪里来的？

马云：很多年以前，我刚开始做企业的时候，我也学日本，后来学美国，再后来学韩国。我们永远在边上学人家，我们永远从历史中学，我们从来没有面对未来去学。我从来没有在美国读过书，没有在海外留过学，但我从小对英文感兴趣，对西方的文化感兴趣。其实，中国传统的儒释道

---

① 陈琦伟：亚商集团董事长。

思想给了我很多启发。儒家思想、佛家思想、道家思想，再加上欧美基督教的思想体系，然后运用太极的竞争理论，我觉得其乐无穷。如果我今天去学西方的管理体系，那么阿里巴巴再怎么走也走不出西方的模式。所以，我坚定地相信，企业的创新、创意来自我们的信仰体系，来自我们对文化的理解。

你怎样处置你的财富

李亦非[①]：我们都会考虑死亡，当你离开这个世界以后，你希望阿里巴巴一直生存下去吗？你对你的财富会怎样处置？

马云：我们不能控制自己出生在哪户人家，出生在哪里，但我们能够控制自己怎么死。如果不想被老虎咬死就别上山，如果不想被淹死就别到河里去。阿里巴巴最少要活102年，我会从基因、使命等整个体系来保障，但它未来会怎样，我没办法控制。至于我有没有考虑过我自己的死亡，我考虑得非常清楚。我们都会有离开的一天，尤其到了我这个年龄，经历了许多事情，想明白了死亡并不可怕。我现在花最多精力在考虑的事情，就是如何让这家公司在我们不在的时候，依然能够有一批比我们更厉害的人成长起来。因此，发现人才、建立文化、建立机制变得更为重要。如果你要找接班人，趁你年富力强的时候找，不要等到了七八十岁再找，七八十岁再生孩子就太晚了。

汪潮涌[②]：如果阿里系每年以10%的速度增长，那么到它成立100年的

---

① 李亦非：英仕曼集团（Man Group）中国区主席。
② 汪潮涌：信中利国际控股公司创始人及总裁。

时候，阿里的市值可能比世界五百强加起来还要大，马云成为世界首富毫无疑问。我要问一个问题：企业的边界在哪里？很多时候，做了只是一个开头，就像你最喜欢的阿甘一样，大家都在跑，我累了，我不跑了，这是不是一个边界？

马云： 我从来没想过当"首富"，我认为"首Fu"的"Fu"是"负责任"的"负"，或者应该说是"守福"，有福气，有幸福的家庭，有朋友，这是最大的福气。我们可能没办法成为首富，但我们能成为有福气的人。今天的我是不快乐的，因为我没想到我可以做那么多事情。这事不理想，你去做了吧，可能更不理想了。社会给了我这么多资源、这么大市值、这么多利润、这么多年轻人、这么多数据、这么多技术，不努力为这个社会做点贡献，我认为是不对的。说实在一点，2000多亿美元已经造成了这么大的混乱，如果是上万亿美元，我马云这个小身板是扛不下去的。什么是边界？无边界。只要是对社会有利，对自己有利，对员工、股东有利的事情，你又有足够的能力，就可以去做。跨界才能赢。

阿里巴巴跟腾讯的竞争

张树新[①]： 阿里巴巴跟腾讯有两个面对面的竞争：一是社交媒体；二是支付。关于社交媒体，阿里现在已经拥有新浪微博，你是不是还要坚持自己做社交媒体？第二个问题，大家都在吐槽支付宝红包的复杂性，这是替客户考虑吗？

---

① 张树新：联和运通控股有限公司董事长。

马云： 第一个问题，关于跟微信的竞争。如果你问马化腾，你会不会跟马云竞争，他说不会，那是假话。如果你问阿里巴巴会不会跟腾讯竞争，我告诉你，以前我没想过，但现在我开始想了。以前我是嘴巴上硬，下手不够狠。商场如战场，在商场上，绝对不是消灭对手你就能活了，我已经放弃"你死我活"了，但我们必须防患于未然，我们必须把竞争放在一个平台上。我们今天必须参与全世界的竞争，而不仅仅是国内的竞争。社交网站和社区是有巨大差异的，社交做的是分享，社区做的是共享，腾讯在做的是社交，未来我们要发展的是社区。如何打造一个有更广泛参与性的社区，这是我们希望做的。互联网很快会成为一个社会，在这个社会里，如何共建共创，如何持久创新，这是我们感兴趣的。无论是来往也好，钉钉也好，我们都不会放弃。我不认为微信今天已经是大佬，超越微信不是模仿微信，而是在微信的概念、理念上继续探索，这是阿里必须做的。今天的天猫、淘宝不是我们复制出来的，是对未来进行探索之后才有的。

关于支付，大家讲到红包"敬业福"的事情，公说公有理，婆说婆有理，阿里的出发点纯粹就是希望大家过一个好年。我不在乎别人怎么说我们，我们没人说的那么坏，但肯定也没人说的那么好，我们就是这样。

你对清华、北大最大的建议是什么

胡祖六[①]： 21世纪，中国真正要引领未来，你对清华、北大最大的建议是什么？

---

① 胡祖六：春华资本集团创始合伙人、董事长兼首席执行官。

马云： 我想跟清华、北大、复旦的学生说，请用欣赏的眼光看看杭州师范大学的学生；也想跟杭州师范大学的学生说，请用欣赏的眼光看看自己。支撑中国经济不是靠说，而是靠实干，靠真正一点一滴地去做。阿里巴巴不是说出来的，我是比较会说，但公司不是我说出来的，是无数年轻人一点一滴地做出来的。

施静书[①]： 第一个问题，您之前提到作为一名合格的企业家，应该看企业的长期发展，您提出了20年的时间轴。那么从短期来说，您觉得季度性的报表制度是不是应该有所改进？第二个问题是关于哲学的，如果您有机会和世界上任何一个人喝茶，不管是在世的还是不在世的，您希望和谁喝茶？

马云： 一个董事会必须有30年、50年的思考，一个CEO必须有5～10年的思考，一个副总裁必须有3年的思考，一个经理必须对未来一周有思考，一个员工必须对明天有思考，这是一个体系。

不能因为员工讨厌KPI就取消KPI，每个人的KPI指数不一样，这不是数字的分解。设计KPI是一门艺术，管理公司是一门科学，这中间是有巨大差异的。

第二个问题，今天如果在中国来说，我挺希望和邓小平喝茶。他很有勇气，勇于改革，他的决策力、一往无前的行动力，都很值得我学习。

---

① 施静书：美国亚洲协会会长。

7. 达沃斯对话查理·罗斯

背景提示：

2015年1月23日，在瑞士达沃斯峰会上，美国著名主持人查理·罗斯对话马云。开始订票几秒钟内，全部入场名额就被一抢而空，听众清一色是来自全球的商界领袖，很多高管不得不站着听完全场。马云面对CBS（哥伦比亚广播公司）名嘴查理·罗斯，畅谈了商业哲学、个人故事和阿里巴巴的未来。

为什么回到达沃斯？

查理·罗斯： 当阿里巴巴完成世界上最大的IPO时，我们都知道了关于马云的很多故事。在这里，我想先谈谈马云的个人故事。他尝试了那么多次，失败了那么多次，我想谈谈是什么把他带到了今天，未来怎么发展，怎么实现今后的目标。如果他实现了他的目标，这对世界和对他想影响的人意味着什么？我们从这个问题开始：你为什么回到达沃斯？

马云： 7年是一段很长的时间。我记得上次来达沃斯是2008年，当时我是来参加全球青年领袖论坛的，之前我从来没有听说过达沃斯。我来到瑞士，看到很多年轻人在示威游行。我问他们在干吗？他们说，反对全球化。我很奇怪，为什么要反对全球化？全球化是很好的事情啊。

两个小时的路程，一路上还遇到很多安检，有荷枪实弹的军警。我就想，这是参加论坛吗？

但是，在全球青年领袖论坛上，我听到了很多新的想法，我很激动。我学到很多东西，什么是全球化，什么是企业公民，什么是社会责任……很多伟大的领导人在谈论什么是领导力，我看到很多年轻人在讨论。

当经济危机在2008年来临的时候，我觉得我最好回去工作。因为你永远不能靠说赢得世界，你必须靠实干，所以我回去工作了7年。现在，我觉得是时候回报一些东西了。当年我从论坛上受益，今天我要和更多的年轻领袖分享我的故事，告诉他们我们经历了什么。

查理·罗斯：阿里巴巴很大，那么现在阿里巴巴到底有多大呢？

马云：每天有超过1亿的用户访问我们的网站，我们直接或者间接创造了1400万个就业机会。从18个人在我的公寓开始创业，到现在发展到3万人，我们在杭州有一个总部。和15年前相比，现在的阿里是很大了，但要是和15年后相比，现在的阿里还是婴儿。

15年里，我们从什么都没有发展到今天的规模。15年以后，我希望大家看不见阿里巴巴，看不见淘宝，因为它已经无处不在，大家都把淘宝当成了生活的一部分。我希望15年以后，人们忘记电子商务，就像电力一样，没人觉得它是高科技。我不希望15年以后，我们走在路上，再谈论电子商务如何帮助人们。

查理·罗斯：我们谈谈IPO，你看到人们的期待了吗？

马云：是啊，这是一次很大的IPO，250亿美元。我记得2001年，我到美国来募集300万美元，被30家风投机构拒绝了，所以现在我回来要得多一点。

越想到250亿美元的融资，就越提醒我们应该如何高效地花钱。这不是钱，是来自全球的信任，这些人希望你能够更好地帮助更多人，他们希望有一个更好的回报。

这给了我更大的压力。阿里巴巴可能是世界上市值排名前10位或者前15位的公司。我问我的团队，我们真的有那么好吗？我们没有那么好。多年前，人们说，阿里巴巴的商业模式很糟，不赚钱，在美国没有这样的模式。大家说我们有这样那样的问题，亚马逊更好，eBay更好，谷歌更好。我告诉我的团队，我们比大家想的好。而今天，我告诉我的团队，我们没有人们想的那么好。我们是一家成立15年的年轻公司，是一家员工平均年龄27～28岁的公司，在做一些人类历史上没有人做过的事情。

总是被拒绝是什么感受

查理·罗斯： 你出生在杭州，创立公司在杭州，你的公司总部现在还在那里？

马云： 对，你在这里创业，你就把根扎在这里。

查理·罗斯： 你出生在20世纪60年代，正是"文化大革命"时期。

马云： 我是1964年出生的。我祖父是一个小地主，解放后被认为是坏人，所以小时候我就知道那时候有多艰难。

查理·罗斯： 你考了三次大学，每次他们都拒绝了你？

马云： 我高考失败了三次。我失败的次数很多，考重点小学两次失败，考中学两次失败。你很难想象，在杭州，我上的那所小学只存在了一年就变成了一所中学，因为我们学校的毕业生太差了，没有学校要，所以我们自己升级成了一所中学。

查理·罗斯： 被拒绝是什么感受？

马云： 我们要学会适应被拒绝，我们不是那么优秀的，直到今天还有很多人拒绝我们。

我记得我申请工作，失败了30次。我去申请当警察，一共5个人申请，4个人通过，只有我一个人没通过。KFC来中国，24个人去申请工作，23个人成了，只有1个人没被录取，就是我。我申请了10次哈佛，都被拒绝了。我告诉自己，也许有一天我可以去那里教书。

查理·罗斯： 当年尼克松访问了杭州，之后非常多的旅游者来到杭州，那时候你开始学习英语？

马云： 是的，十二三岁的时候，我突然喜欢上了英语。那时候没有地方能学英语，没有书，所以我就到宾馆门口找外国人学英语。9年里，我每天都会去那里给外国人做免费导游，让他们教我英语。这个经历改变了我。我完全是"中国制造"，没有在国外接受过一天的教育。有人问我，你的英语怎么这么好，能够像西方人一样思考？我觉得是这些外国旅游者打开了我的视野，那9年教会了我要独立思考，当别人告诉你事情的时候，你要思考一下。

查理·罗斯： 那时候，马云开始变成了Jack Ma？

马云： 我的英文名字Jack是一位来自田纳西的女士起的，她到杭州旅游，我们变成了笔友。"马云"的中文发音实在太难了。她说，你有英文名字吗？我说，没有。她说，我的丈夫和父亲都叫Jack，你觉得Jack怎么样？我说，好。我就用了这么多年Jack这个名字。

查理·罗斯： 1995年第一次到美国？

马云： 是的，我当时帮助我们当地政府建"信息高速公路"。

查理·罗斯： 你第一次用了互联网？

马云： 是的，在西雅图，在美国银行大厦。当时在那栋大楼里，我的朋友有一间办公室，电脑就摆在那里。朋友说，马云，试试互联网。我说互联网是什么，他说就是你可以在上面搜索到你想要的所有东西。当时是用Mosaic①，非常慢。我说我不想碰，电脑太贵了，我不想毁掉，我赔不起。他说，搜吧。

我搜索了第一个词，beer。我看到了来自美国的啤酒，来自日本的啤酒，但是没有中国的啤酒。我输入China，什么都没有，没有关于中国的信息。所以，我和朋友说，为什么不创造点中国的东西。之后，我就为我的翻译社做了个小网站。我记得网站是9点40分上线的，到了12点的时候，朋友说，有人给你发了5封邮件。邮件里说，你们在哪里？这是我们第一次看到中国的互联网网站，我们怎么能联系到你们，一起做点事情？

我觉得，这是一个有趣的东西，我们要做点事情。

为什么叫阿里巴巴

查理·罗斯： 为什么叫阿里巴巴？

马云： 互联网是世界的，我们要有一个全球化的名字。"雅虎"是个好名字。我想了很久，"阿里巴巴"是不是个好名字。那天我正好在旧金

---

① Mosaic：互联网历史上第一个获得普遍使用和能够显示图片的网页浏览器。

山，一个服务员来了，我问她，你知道阿里巴巴吗？她说，知道啊，芝麻开门。我问了很多人，他们都知道阿里巴巴，阿里巴巴和四十大盗，芝麻开门。所以我知道，这是个很好的名字。而且，Alibaba是以A开头的，喻示着阿里巴巴永远是第一位的。

查理·罗斯：你说过，要创造阿里巴巴，要创造信任，因为中国人只习惯面对面。你怎么创造信任？

马云：一开始大家在网上互相不认识，你怎么做生意呢？要依靠信任。对电子商务来说，最重要的是信任。第一次到美国募资，很多风险资本机构说，马云，不行的，在中国做生意靠关系，怎么可能用互联网？我知道，没有信任机制，没有信用，这是不可能的。

过去14年里，我们每天做的事情就是建立信任机制。人们不信任别人，他们总觉得别人在骗人。但是因为电子商务，我们每天完成6000万笔交易，我不认识你，但是我拿着你的包裹跨越大海高山，送给别人。至少有6000万次以信任为基础的交易每一天都在发生，所以我很自豪。

查理·罗斯：你一开始是利用担保交易来做的？

马云：当时，这是一个很重大的决定。开始的几年，阿里巴巴只是一个很大的信息平台，大家开始讨论为什么没有支付体系。我和银行谈，没有银行愿意做。我该怎么做？如果我做支付，可能是违法的，但是不做的话，电子商务就发展不起来。

然后我来到达沃斯，听了一个有关领导力的论坛，很多政治家、企业家在探讨什么是责任。

我听完那个论坛，打电话给我的团队说，立即做，现在！如果因此而违法，我马云来承担责任进监狱。对中国和世界来说，建立一个信任系统太重要了。如果我做得不好，这个系统被人利用来偷钱、洗钱，那么我就会进监狱。当时有人和我说，支付宝是你最蠢的主意了。我说，只要有人用，就不愚蠢。现在，有6亿人在使用支付宝。

这就是我喜欢达沃斯的地方。

你们和政府的关系怎么样

查理·罗斯： 你从来没有从政府那里拿过钱？

马云： 如果你总是想着从政府那里拿钱，你的公司就会很差；如果你想着从市场和客户手里获得钱，你的公司就会成功。我不但没有从政府拿钱，也没有从银行拿钱。当时我想要，他们不给；现在他们给我，我不想要。

查理·罗斯： 你们和政府的关系怎样？有人说，在中国的环境下，竞争被限制了？

马云： 我们和政府的关系很有趣。我曾经为外经贸部做过电子商务，我意识到，不能依赖政府机构来做电子商务的事情。我告诉我的团队，只和政府"谈恋爱"，不要和他们"结婚"，尊重他们。我觉得这是我们的责任，我们应该告诉政府互联网如何帮助人们。头12年，任何官员到我办公室，我和他们坐下，告诉他们我们如何帮助社会，创造工作机会。因为互联网对所有政府来说都是新东西，如果你说服了一个人，那你就有机会。

如果政府来找我做一个项目，我会介绍朋友来做。如果政府一定要我做，我就免费为政府做。比如每年春节，火车票太难买了，成千上万的农民在城里打工，他们回老家要买火车票，但整个购票系统不好用。我告诉阿里的年轻人，我们要帮助他们，因为这是帮助几百万农民回家。这不是为了钱，这是为了这么多人在下雪的晚上能够买到火车票，不用等，用手机就能上网买。

查理·罗斯：当年杨致远给你了10亿美元，这变成了雅虎不错的投资，这在当年是少见的，从国外融到这么多钱。

马云：我对所有的投资人都很感谢。当时很多人觉得马云很疯狂，他们不理解你做的事情。很多风险投资者给钱，是因为当时已经有了一个美国模式，只需要搬到中国。但是，美国没有像阿里这样的模式。我第一次在《时代》杂志上露面，他们叫我疯狂马云。我觉得疯是好事，我们有点疯，但我们不蠢。如果每个人都觉得你的模式是好的，那么我们就没有机会了。

我们募集到了钱，我很感谢，如果投资者获得收益，我很自豪。

查理·罗斯：在美国有很大的隐私问题，比如谷歌、苹果的隐私问题。有人问，政府是否应该拿到数据？如果政府来找你，说想拿到数据，你怎么办？

马云：到目前为止，我没有这方面的困扰。如果中国政府来找我，关于国家安全，关于恐怖主义和打击犯罪，我们可以合作。但是其余的，不行。数据太重要了，一旦泄露，就是一场灾难。

很多年前，人们说，我宁愿把钱放在枕头底下，也不放到银行里。但是今天，人们都知道，银行比你更知道怎么保管好钱。

隐私问题，当下我们可能没有更好的解决方案，但是我相信年轻人，下一个20年，在隐私问题上，在安全问题上，会有突破。我完全相信。

你的人生信念从哪里来

查理·罗斯：你的人生是"一切皆有可能"的活生生的见证，如果有人说"不"，你会说"这才开始，别急"。这种信念是从哪里来的？

马云：我年轻的时候，认为所有事情都有可能性。但是现在，我知道，并不是每件事情都是可以做到的。你需要更多地考虑他人，考虑社会、客户、雇员和股东。

我总是被我们所做的事情激励着。在最开始的3年，我们是零盈利的。但是，我们非常兴奋于我们所做的事情，我们改变了很多人的生活。你知道当时发生了什么吗？我去餐厅吃饭，当我结账的时候，我发现已经有人帮我埋单了。餐厅的老板走过来对我说："先生，你的单已经被其他人埋掉了。这里有他的留言。"这张小字条上写着："马先生，你好，我是阿里巴巴集团的客户，我通过阿里巴巴平台赚到了很多钱，我知道目前阿里巴巴还没有盈利，所以我为你埋单了。"

我还记得一件事。有一天我在一个咖啡馆，一个人走过来递给我一支雪茄，我并不抽雪茄，我看到雪茄上有一张字条，上面写着："谢谢你，我是你的客户。"

还有一次，我在北京香格里拉饭店打车，为我开车门的门童对我说："Jack，非常感谢你，我的女朋友通过你的网站赚了很多钱。"

所以，这些事情让你知道你的使命。如果你不做这些，一切都没有可能性；如果你开始做了，至少你拥有了希望。

查理·罗斯：你们的收入来自广告和交易佣金？

马云：相比巨大的交易额，广告收入很少，交易佣金也很少。我们依靠大众。现在我们的网站上有1000万中小企业，交易额仅次于沃尔玛。仅从交易额中获取一点点收入，我们就已经变得很大了。

我记得5年前，沃尔玛的高层管理者来到杭州，跟我说："Jack，我们知道你做了很大的生意，做得不错。"我说："也许10年之后，我会超越沃尔玛。"他笑着说："年轻人，你很有志气嘛。"所以，我打了个赌，现在我相信10年之后，我们肯定会超过沃尔玛。沃尔玛如果要增加1万新客户，需要建新的仓库和很多配套设施，但对于阿里巴巴来说，只需要增加两个服务器。

现在我们和沃尔玛的市值谁更高？我不知道，要查查。

对于未来发展，你想要做什么

查理·罗斯： 对于未来发展，你想要做什么？

马云： 我想谈一下阿里巴巴的使命。我们是一家互联网公司，恰好创建于中国。我们和世界上其他地方的所有人一样，有着一样的创业精神。我始终记得我创立阿里巴巴时的使命，就是让中小企业做生意变得更容易。而现如今，成百上千万的中小企业使用我们提供的平台来销售他们的产品，超过3亿消费者在我们的网站上买东西。我们的网站又高效又便宜。

所以，我现在在思考，如何将阿里巴巴变成一家让全世界没有难做的生意的公司。

我的想法是，我们可以让挪威的商人把产品卖到阿根廷，阿根廷的消费者可以在线购买瑞士的商品。所以，我想创建一个组织，就是eWTO，也许名字并不太准确。WTO是上个世纪非常伟大的组织，这个组织里有很多大企业，将它们的产品销往全世界。然而如今，互联网可以帮助小企业销售它们的产品，跨越大洲和大洋，打破国家边界。我希望能够服务中国市场以外的20亿消费者和1000万家小企业。就像我们帮助了美国华盛顿的农民，帮他们把300吨车厘子销往中国。我记得美国的大使和我说：Jack，你是否可以帮助我们卖掉美国的车厘子？我说：为什么不呢？我们一起来试试。

其实，在我们开始销售这些来自美国的车厘子的时候，这些车厘子还长在美国农场的树上。我们在我们的平台上做了预售，8万个中国家庭预订了这些车厘子。在销售开始的48小时内，车厘子就迅速从树上到达了这些预订的中国家庭家里。我们卖掉了这些车厘子，消费者也非常开心。不过，三天之后，我们也收到了不少抱怨的信件：为什么不能提供更多的车厘子给消费者？

两个月之后，我们引入了Costco，我们卖了300吨美国坚果给中国消费者，我们还把阿拉斯加的海鲜卖到了中国。所以，你看，如果我们可以卖美国的海鲜、车厘子和坚果给中国的消费者，我们为什么不能帮助美国、欧洲等更多国家的中小企业将它们的产品卖给中国的消费者？

中国的消费者需要这些商品。这是我想做的事情。20亿的消费者，来自亚洲和发展中国家，我们如何做到让他们轻松地进行全球化的在线购物？

查理·罗斯： 阿里巴巴见证着几亿中国人从贫穷走向中产。你的国际扩张怎么样？我知道你在俄罗斯做得很好。

马云： 我们在巴西和俄罗斯的市场做得很好。在俄罗斯市场，我们是排名前三位的电子商务平台。你无法想象，两年前的一个俄罗斯订单，从下单到收货需要四个月的时间。尽管这样，还是有很多俄罗斯人非常开心地通过我们的网站购买中国的商品。去年，我们在俄罗斯进行了一场促销，通过我们的努力，我们将这个时间缩短到了一周。但是，我们把俄罗斯的整个物流体系都弄瘫痪了。

查理·罗斯： 你在好莱坞打算干什么？

马云： 我喜欢好莱坞的创新和数字技术。我从好莱坞电影里学到了很多东西，尤其是《阿甘正传》这部电影。我喜欢阿甘的精神，简单、永不放弃。人们都认为阿甘很傻，但是阿甘知道他自己正在做什么。

在2002年还是2003年或者更早的时候，我来到美国，我非常受到鼓舞。当时我还找不到一条电子商务的路径，就在那时，我看了《阿甘正传》这部电影。我想，他就是我们需要学习的那个人！相信自己正在做的事情是对的，不管人们是否喜欢。

我非常喜欢那句台词，"人生就像一盒巧克力，你永远不知道下一颗会是什么滋味"。就像我原来永远也不会想到，有一天我会坐在这里和查理·罗斯对话。但是，我现在做到了。我和当时在我公寓里创业的兄弟们说：兄弟们，我们必须努力工作，不是为了我们个人，而是因为如果我们成功了，那么80%的中国年轻人都会取得成功。

我们并没有一个富有的爸爸或者一个有权势的叔叔，我们在银行并没有存款，我们没有政府关系，而仅仅是靠着团队的努力，我们成功了。

你最大的担忧是什么

查理·罗斯： 你最大的担忧是什么？

马云： 我担心很多年轻人失去斗志、热情而开始抱怨。我们当时有过同样的经历，被很多人拒绝并不好受。我们当时抑郁过，绝望过，但我们相信这个世界有很多机会。我们开始看世界，学习怎么成功，怎么抓住机会。好莱坞给了我很多激励。

查理·罗斯： 你想去好莱坞做生意？

马云： 我们是电子商务公司，很多产品需要运输，但电影、电视产品不需要运输，而且电影是帮助年轻人的最好产品。

美国的英雄电影里，英雄一开始看起来都像坏人，一旦糟糕的事情来了，他们就变成了英雄，而且他们最后都成功活下来了。在中国电影里，英雄都死了，就没人想做英雄了。

查理·罗斯： 你还在读武侠小说吗？还是开始写了？

马云： 我读武侠小说，现在开始写点东西了。

忙和累的时候，我会读武侠书。我发现，只要你有好的团队，有好的师父，努力练习，你就会变成武林高手。所以，当我累的时候，当我忙的时候，我会读武侠书。

查理·罗斯： 你学习太极，对吗？

马云： 我爱太极。太极是一种哲学，教你如何保持平衡。人们问：你们和eBay竞争的时候，你恨eBay吗？我说不，eBay是一家很伟大的公司，他打这里，我打那里，他攻我上面，我打他下面，他来我走。我比他小，但我能跳起来，他不能跳。

我在做商业的时候运用太极哲学：冷静，一定有出路。要保持平衡。

竞争是有趣的，商场不是战场，不是你死我活，就算你死了，我也不一定能活。

查理·罗斯： 你希望阿里巴巴改变世界，你做到了。你也相信阿里巴巴能改变女性的生活，你是怎么做的？

马云： 我相信，要改变世界，先改变自己，改变自己比改变世界更重要，也更简单。然后，我想改善世界。改变世界也许是奥巴马的团队做的事情，我的工作是让我的团队开心，因为我的团队开心，我的客户开心，中小企业就开心，我才能开心。

我们成功的秘诀之一是我们有很多女性员工。IPO之前，有美国记者到我们公司采访，说：你们公司女性很多。我问：这怎么了？我们有47%的员工是女性，曾经这个比例还要高，因为收购其他公司，把比例压下去了。我们有32%的管理层是女性，24%的高级管理层是女性。我们有女性首席人才官、女性首席财务官、女性首席客户官。我觉得和女性搭档工作很舒服。想要在21世纪赢，你就要驱动别人，你得让别人成功。保证别人更成功，是你成功的源泉。我发现女性有一种天赋，她们会更多地考虑别人的感受，更善于做用户友好的事情。

查理·罗斯： 你担心中国经济降速吗？

马云： 我不担心，中国经济降低速度比保持9%的增长好多了。中国是世界上第二大经济体，是不可能维持9%的增长的。如果一直持续高速增长，那一定是有问题了，永远看不到蓝天了。中国应该注意经济增长质量，就像人长大，不应该只长身体，也要提升内在修养、文化素质和智慧。中国正在往这条路上走。

查理·罗斯： 你已经是世界上最富有的人之一，你的公司已经是世界上最有钱的公司之一。在阿里之外，你还想要做什么？

马云： 过去三个月，我并不开心，当人们说马云是中国首富时，我并不开心。15年前，在我的公寓里，我的夫人是阿里的18个创始人之一。我问她，你希望你的丈夫做有钱人，还是受尊敬的人？她说，当然是受尊敬的人。因为她不相信我会有钱，我自己都不相信自己会变得有钱。我们只想生存下来。

我觉得，当你有了100万的时候，这是你的钱；当你有了2000万的时候，你就开始有麻烦，担心通胀，担心往哪里投资；当你有了10亿的时候，这是社会给你的信任，相信你能够更好地管理钱，比别人更好地花钱。今天，我有了做更多事情的资源，有了钱和影响力，可以投资更多的资源在年轻人身上。

我希望有一天能回学校教书，教年轻人，和年轻人分享我的故事。钱不是我的，我只是很高兴我有这个资源，我想做得更好。

我不认为世界上有很多人被拒绝过30次。我所有的只是坚持，像阿甘一样，我不抱怨，无论成功还是失败。如果一个人失败后老是抱怨别人，那么这个人永远不会成功；如果他一直反省自己，那么他就有希望。

图书在版编目（CIP）数据

马云：未来已来 / 阿里巴巴集团编. —北京：红旗出版
社，2017.3

ISBN 978-7-5051-3912-1

Ⅰ.①马… Ⅱ.①阿… Ⅲ.①电子商务－研究－世界
Ⅳ.①F713.36

中国版本图书馆CIP数据核字（2016）第257257号

书　　名　马云：未来已来
编　　者　阿里巴巴集团

出 品 人　高海浩　　　　　　　　责任编辑　赵　洁
总 监 制　蒋国兴　　　　　　　　特约编辑　陈晓嘉　康晓硕　陈文君
总 策 划　李仁国　徐　澜　　　　图片提供　阿里巴巴集团
责任印务　贾不齐　　　　　　　　责任校对　田　华

出版发行　红旗出版社
地　　址　（南方中心）杭州市体育场路178号
邮　　编　310039　　　　　　　　编辑部　　0571-85310198
E-mail　　21802151@qq.com　　　发行部　　（北京）010-57270296
　　　　　　　　　　　　　　　　　　　　　　（杭州）0571-85311330

欢迎项目合作　项目电话　（北京）010-57274627
　　　　　　　　　　　　　（杭州）0571-85310198

印　　刷　三河市东方印刷有限公司

开　　本　710毫米×1000毫米　1/16
字　　数　218千字　　　　　　　　印　张　17.5
版　　次　2017年3月第1版　　　　2017年10月河北第7次印刷

书　　号　ISBN 978-7-5051-3912-1　　定　价　49.00元